JN067944

世界の心理学者が研究していること！

最新科学でわかった
「人の心」のトリセツ

What Psychologists Around The World Are Investigation.

Naitoh Yoshihito
内藤誼人

SOGO HOREI PUBLISHING CO., LTD

世の中には、「そんなのどうでもいい」と思われることでも、
大真面目に研究している奇特な人たちがいます。
それは〝心理学者〟です。

心理学者というものは、
人間がかかわるものなら、
あらゆるものを研究の対象にしてしまいます。

お金、人間関係、恋愛、子育て、政治、スポーツ、
医学、社会、仕事、法律、経営、戦争、歴史など、
何でも研究の対象にしてしまうのです。
これほど研究の幅が広い学問は他にありません。

いってしまえば、
世界は「人の心」を中心に動いてきたといっても、
過言ではありません。

本書で取り上げる研究は、
今まで何十冊、何百冊もの心理学の本を読んできた人でも、
初めて目にするものばかりだと思います。

みなさん、準備はできましたか？
それでは、心理学の奥深さを味わっていきましょう。
知的好奇心をくすぐる冒険へと一緒に旅立ちましょう。

まえがき

心理学の勉強をしたいなと思って書店に出向くと、「よくわかる心理学」「心理学入門」といったタイトルの本はいくつでも見つけることができます。あまりにも多いので、どれを選んだらよいのか途方に暮れてしまうことでしょう。

ですが、何冊かの本をパラパラとめくってもらうと、結局は、〝どの本を買っても同じ〟ということに気づくはずです。なぜなら、たいていの心理学の本は、どれもこれも似たような話ばかりが載せられているからです。目次も似通っていれば、取り上げられている研究も同じようなものばかりです。しかも、残念なことに、たいていの本で紹介されている研究というものは、マジメなものばかりで、「たいして面白くない」のです。

そこで私は、世界中で行われている〝面白い研究だけ〟を取り上げた心理学の本を書いてみたいと思い、執筆をしたのが本書になります。本書を読めば、「心理学という学問はこんなに面白い研究がたくさんあるんだ」ということをわかっていただけると思います。

心理学という学問は本当に奥の深い学問なのです。

私は20年以上、心理学の研究をしていますが、いまだに驚いたり、興奮をする論文にたくさん出会います。興味深い論文に出会う度に、子どものように大興奮しています。

なぜ、こんなにも面白い研究がたくさんあるのかというと、「心理学者」といっても、猫や犬の研究だけをやっている心理学者もいれば、ほとんど経済学者と同じようにデータだけを分析しているような心理学者もいます。異性にモテる方法だけを研究している心理学者もいれば、子育てのことだけを研究している心理学者もいます。なかには、色々な国に行き、現地の人と遊んでばかりで、何の研究をしているのかわからないような心理学者もいます……（笑）。

このように、心理学者が研究していることはとてもバラエティに富んでいます。だからこそ、20年以上研究していてもまったく飽きがこないのです。

本書では、読者のみなさんにご満足いただけるよう、取り上げる研究には選定に選定を重ね、選りすぐりの研究だけを掲載しました。本書が読み終わる頃には、みなさんもどっぷりと心理学の世界にハマっていることでしょう。

では、具体的に本書ではどんな研究が取り上げられているのでしょうか。いくつか例を挙げてみます。

○男性が、女性を「チラ見」してしまうのには、正当な理由がある
○私たちは、自分が友人に比べるとつまらない人生を歩んでいると思い込みやすい
○「この場所は以前に来たことがあるぞ」というデジャブ体験は、6割もの人が経験している
○2156年のオリンピックでは、女性アスリートが男性アスリートより速く走る
○私たちは、偉い人や人気がある人が不幸な目に遭っていると嬉しい
○お金持ちになったからといって幸せとは限らない
○医者が「何もしてくれない」ときのほうが、生存率が高まる
○成功する起業家の起業時の年齢は、45歳
○お年寄りの失言は、老化に原因がある

本書に載せられている研究は、まだまだこんなものではありません。「よく、こんなことを実験するなあ」と感心させられてしまうものばかりです。どうぞ最後までお楽しみいただき、お付き合いください。

最新科学でわかった「人の心」のトリセツ

世界の心理学者が研究していること

第1章 必ず知っておきたい心理学研究

第2章

すぐに使える心理学研究

第3章 ものの見方が変わる心理学研究

第4章 あなたが知らない心理学研究

第5章

感じる心理学研究

イラスト　ぷーたく
DTP・図表　横内俊彦
ブックデザイン　木村勉
校正　黒田なおみ（桜クリエイト）

第1章

必ず知っておきたい心理学研究

自分の人生はつまらないという強い思い込み

いきなりですが、読者のみなさんは幸せな人生を歩んでいるでしょうか？

ご自分の幸せと、親しい友人の幸せを比べた場合、幸せなのはどちらだと思うでしょうか。だいたいこのような質問をすると、「友人のほうが幸せだと思う」という答えが返ってくるのが普通です。**私たちは、友人に比べると、自分のほうがつまらない人生を歩んでいると思い込みやすく、これを心理学では「悲観バイアス」と呼んでいます。**「バイアス」というのは、〝心のゆがみ〟という意味です。悲観的なほう、悲観的なほうに考えやすいという心の傾向のことを、悲観バイアスと呼ぶのです。

米国コーネル大学のセバスチャン・デリは、男性154人、女性150人の調査対象者（平均37・1歳）に、自分と知り合いを頭に思い浮かべてもらい、次のような質問をしました。

「パーティに頻繁に出かけるのは、あなたですか？　それとも友人？」

「友だちの数が多いのは、あなたですか？　それとも友人？」

「外食によく出かけるのは、あなたですか？　それとも友人？」

質問はまだまだあるのですが、豊かな社会生活を送っているのは、自分なのか、それとも友人なのかを教えてもらったわけです。するとどうでしょう、すべての質問において、「友人のほうが私より豊かな生活だと思う」という答えが返ってきたのです。私たちは、友人のほうが、自分よりたくさんの友だちがいて、友人のほうがいっぱい遊びに出かけていて、友人のほうがずっと豊かな社会生活を送っているはずだ、と思い込みやすいのです。まさしく悲観バイアスです。

もちろん、現実にはそんなことは考えられません。おそらくは、読者のみなさんも、他の友人たちと同じくらいには、色々なことをしているはずです。ところが、何となく友人のほうが色々なことを積極的にやっているように見えてしまうのです。

私たちは、友人のほうが自分よりずっと幸せな人生を歩んでいると思い込み、勝手に孤独に陥り、気分をへこませているのです。自分で自分の首を絞めて、何が楽しいのかと思われるかもしれませんが、たいていの人はこの罠に陥っています。

私は心理学者なので、悲観バイアスという心のゆがみがあることはわかっているのに、それでもやはり、友人のほうが自分よりも豊かな生活を送っていて、幸せな人生を歩んでいるのではないかと思い込んでしまいます。悲観バイアスは、相当に強力な働きをしているのです。

ともあれ、友人のほうが幸せだと思ってしまうのは、単なる錯覚にすぎませんので、このアドバイスをたまに思い出すといくらかは気分もすっきりすると思います。

なぜ、自分は変わらないと思ってしまうのか

私たちは、今日の自分は明日も、その翌日も、1年後も、10年後もそのままだと思い込みやすいところがあります。自分の好みや習慣が変わったりするとは、現在の自分からはとても考えられないのです。

米国ハーバード大学のジョルディ・クイドバックは、**自分が変わらないという思い込みを「歴史の終わり幻想」と名づけました。自分の歴史はもう現在でストップという思い込みのことです。**

10代の若者はタトゥを入れて、20代になるとそのタトゥを消そうとします。若者は好きなものを腹いっぱい食べ、中年になってから必死にダイエットします。将来の自分を予想していないために、そういう羽目に陥るのです。

クイドバックは、18歳から68歳までの1万9000人を対象にして、

「この10年間で、自分はどれだけ変わったと思うか？」

「これからの10年間で、自分はどれだけ変わると思うか？」

と尋ねてみました。すると、どの年齢をとってみても、「この10年で、自分はものすごく変わった」と答えたのです。ところが面白いことに、そういう変化を自分でも経験しているにもかかわらず、これからの10年についての予想をさせると、「ほとんど変わらないだろう」とみんなが答えたのでした。**人はいくらでも変わるのに、なぜか自分はこのまま、と思い込んでしまうことをクイドバックは明らかにした**わけです。何とも不可思議な現象です。

「タトゥがカッコいい」と思っていても、そのうちに「何でこんなものを……」と後悔する日がきます。日焼けサロンで肌を真っ黒にするのがステキだと思っていても、そのうちに「肌は白いほうがいいかも」と思うようになるものです。

若いからといって、思いつきで行動するのは控えておきましょう。「私は、一生、このスタイルで生きていくんだ！」と思っても、数年も経たないうちに、そんな考えはどこかに吹き飛んでしまうでしょう。

私の大学時代の知り合いは、「俺は一生、結婚なんてしない。結婚に縛られる人生なんてまっぴらごめんだ！」と公言していたのですが、ごくごく普通に結婚しました。

しばらくしてから、みんなで集まってお酒を飲む機会があったのですが、「お前って、昔、『結婚しない！』って言ってなかった？」と尋ねてみると、「そんなこと言ってたっけ？」と手のひらを返したように答えていたことを覚えています。人間というのは、そういうものなのだなあ、とつくづく感心しました。

FOREVER

人は現状をそのまま維持するのが好き

私たちは、基本的に新しいことに取り組もうとしません。すでにやっていることを、そのまま続けようとするのが一般的です。**これは、「現状維持バイアス」と呼ばれています。**

たとえば、生命保険や自動車保険などです。多くの人は何かしらの保険に加入していると思うのですが、そのプランを見直したり、新しいプランに切り替えたりということは、基本的にしません。何となくそのままのプランを継続される方がほとんどです。

スマホの通信料も同じです。たいていの人は、加入時に店員に勧められたプランを何となく選び、後は放ったらかしにしているのではないかと思います。私もそうです。「お得なプランの見直し」などというメールがたくさん送られてくるのですが、たいていは無視しています。

現状維持バイアスはとても強固なものなので、人は、自分がかつて選んだものが、現在ではかなり損することになっていたとしても、あまり気にしません。「とりあえず、今のままでいいか」という気持ちのほうが強いのです。

米国ボストン大学のウィリアム・サミュエルソンは、486人の大学生に、大叔父(おおおじ)から遺産を相続したと仮定して、投資先を決めるという選択をさせてみたことがあります。

学生に決めてもらう選択肢には、リスクの高い投資先も、リスクの低い投資先もありました。ただし、あるグループには、「あなたはすでにA社に投資しています」という一文が追加されていました。すると、このグループは、新しい投資先を選ぶのではなく、A社への投資を増やすという選択肢を選ぶ人が増えたのです。A社のリスクが高くても、低くても関係がありませんでした。「すでにA社に投資しているのなら、わざわざ他のところに投資する必要はない。ここでいいや」という気持ちになることが明らかにされたのです。

人はよほどの理由がないと、今の自分を変えようとはしません。何となく今のままのほうが落ち着きますし、安心できるからでしょう。少しくらい家賃が高くても、何となくその家に住み続けて、引っ越しをしないのも現状維持バイアスですし、今の会社に不満があっても、何となくそのままずるずると勤め続けてしまうのも現状維持バイアスです。現状維持バイアスは、良い結果をもたらすこともありますが、悪い結果をもたらすこともあります。本当は変えたほうが絶対的によいというケースでも、私たちは腰が重いので、なかなか新しい方向へ切り替えようとしないのです。

仕事でも同じで、新しいやり方や新しいソフトや機械を使ったほうが便利だということはわかるのですが、それでも何となく昔からのやり方に固執してしまうのです。

楽観的であることはよいことばかりでもない

一般に、悲観的な人よりは、楽観的な人のほうが楽しい人生を歩むことができるでしょう。いつもクヨクヨしたり、不安ばかり感じたりしているよりは、バラ色の明るいことばかりを考えている人のほうが、幸せに暮らせることは論をまちません。

ところが、こと仕事に関しては、「楽観的でない」ほうがよいのではないか、ということを示すデータがあるのです。

米国テキサス・クリスチャン大学のキース・ヘミレスキは、男性のベンチャー起業家163人と女性のベンチャー起業家38人についての研究を行ってみました。彼らは平均52歳です。米国40の州で、114の職種でベンチャー起業家として働いています。まずヘミレスキは、彼らに楽観主義を測定するテストを受けてもらいました。「不確かな状況では、私はいつも最善なことを考える」「全体として、私には悪いことより良いことが起きると思う」などといった質問に答えていくテストです。またその一方で、自分が経営している会社の2年間の収益の伸びと、従業員数の増加について教えてもらいました。その結果、楽観的な人ほど、収益の伸びも、従業員数の増加についても「ダメ」であることがわかりました。この結果は、世の中に流布している考えとは、まるで正反対です。

多くのビジネス書に書かれていることといえば、「楽天家ほどうまくいく」「楽観的な人ほど成功する」といった内容の大合唱です。**実際には、楽観的ではなく、悲観的な人のほうがビジネスでは成功しやすかった**のです。少なくともヘミレスキの研究ではそうでした。なぜ悲観的な人ほど成功するかというと、悲観的な人ほど、将来に対して不安を感じるので、その不安を打ち消すために、あらかじめさまざまな対策を講じるからです。ほんのわずかでも客足が減っただけで、悲観的な人はすぐにその原因を探ります。そしてすぐに手を打つのです。

その点、楽観的な人といえば、「ちょっとくらい客足が減ったって、大丈夫、大丈夫。そのうちお客さんも戻って来るから」とあまりにも能天気な見通しで行動しがちなので、仕事もうまくいかなくなるのだろうというのがヘミレスキの分析です。

悲観的な人は、あまり好まれないかもしれませんが、危機意識が高く、将来の不安に対してあらかじめ手を打つタイプだと考えれば、そんなに悪い性格でもないことがわかるでしょう。

もし読者のみなさんが、不安症で、明るいことを考えるのが苦手なタイプだったとしても心配はいりません。そういう人のほうがビジネスにおいては得をすることもあるのだ、と考えれば少しは心のモヤモヤもすっきりするのではないでしょうか。

見慣れたものでも正しく答えられない

たいていの建物には、通路や階段脇に消火器が設置されています。法律で設置が義務づけられているので、消火器がどこにも見当たらないということはまずありません。みなさんの会社にも、おそらくは消火器の1つ、2つは置いてあるはずです。

さて、ここで問題です。みなさんは、みなさん自身のオフィスにある消火器の場所を正確に思い出せるでしょうか。おそらく、4人か5人に1人くらいしか、正しい設置場所を思い出せないのではないかと思います。**普段、見慣れているはずのものも、いざ思い出そうとすると、意外に思い出せない**ものなのです。

米国カリフォルニア大学ロサンゼルス校のアラン・キャステルは、55人の大学のスタッフに、「この場所から一番近いところにある消火器の場所はわかりますか？」と尋ねてみました。

消火器というのは、真っ赤で、ものすごく目立ちます。しかも、大学のスタッフは、もう何年も同じ建物で働いているのです。では、55人のうち、いったい何人が一番近いところにある消火器の場所を思い出せたでしょうか。キャステルが実験したところ、13人でした。24％（つまり4人に1人）という惨憺たる結果になってしまいました。**人間の記憶というものは、まことにあやふやなものだったということがわかる実験です。**

消火器のように、非常に目立つものでさえ、このありさまなのですから、もっと小さくて、目立たないものについては、ほとんど思い出せないに違いありません。

古典的な心理学の実験では、コイン（硬貨）の図柄を思い出して紙に書いてもらう、というのもあります。日常生活において、小銭を使う場面はけっこう多く、見慣れたものであるのに、それでもほとんどの人が思い出せないこともわかっています。読者のみなさんは、100円玉の図柄を正しく思い出せますか。どこに、どんな文字が書かれていて、どんな絵が描かれているか、自信を持ってわかりますか。おそらくは、「う〜ん、ダメだ。よくわからん」と思うのではないでしょうか。人間の記憶というのは、そんなものなのです。

かくいう私も、試しに100円玉の図柄を思い出そうとしましたが、まったく思い出せませんでした。「100という数字が真ん中に大きく描かれている」ということは自信を持って思い出せたのですが、他はまったく思い出せません……（笑）。

もし自分が働いている会社で盗難事件があり、警察に色々なことを質問されたとしても、どこに何が置かれていたかなど、そんなに正確には思い出せないのではないかと思います。つまりは、その証言がきわめていいかげんな可能性が高いと思うのですが、警察はそういうことをきちんとわかっているかどうかは疑問なところです。

サイコパスの人は苦い食べ物が好き

本当かどうかはわかりませんが、「苦い食べ物のほうが、健康に良い」という説があります。私は、栄養学が専門ではないので、この説の真偽(しんぎ)を判断することはできませんが、たしかに、ニガウリ（ゴーヤ）、ピーマン、ふきのとう、タラの芽など、苦味が強い食材は、たしかに健康に良さそうな気がします。何となく健康に良さそうな感じがするので、苦い食材についてもできるだけ食べるようにしている方も多いのではないでしょうか。苦味ということでひとつ思い出しましたが、**心理学では、その人が好む味と、その人の性格が密接に関係していることがわかっています。**つまり、どんな味が好きなのかがわかれば、その人の性格もある程度は読心術でわかるのです。では、苦味は、どんな性格と関係しているのでしょうか。

オーストリアにあるインスブルック大学のクリスティナ・サジョグロウが約1000人（平均35・65歳）を対象にした研究によりますと、苦いものが好きだという人は、サイコパシーとサディズムとの相関がありました。どちらも反社会的な性格です。

苦いものが大好きという人は、サイコパシー傾向が高く、サディスティックなところもある

ことがわかったのです。何だか、どちらもあまり好ましくない傾向ですけれども、これは私が言っているのではなく、あくまでもサジョグロウという心理学者が調べた結果です。

ちなみに、甘味や酸味、塩味といったものは、反社会的な性格傾向とは、どれもまったく関係がありませんでした。甘いものが好きだったり、しょっぱいものが好きだったりするからといって、反社会的な性格かどうかはわかりません。苦味だけが突出して関係していることが明らかにされたのです。サイコパシーは、他の人がどう感じるか、どう思うかをあまり気にしないタイプです。サディズムも、他の人の嫌がるようなことをして快楽を得るようなタイプです。どちらも思いやりや愛情に欠け、反社会的な性格であるといえます。

苦いものが大好きという人は、そういう性格らしいのです。

どうしてそういう関係が見られるのかについては、よくわかっていません。どういうメカニズムによるのか、うまく説明はできないのですが、苦いものが好きなことと、反社会的な性格には強い関連性があることは覚えておいて損ではありません。

もともと人間は、だれでも甘いものが好きで、苦いものが嫌いです。

甘いものが嫌い、という人はめったにいません。同じように、苦いものが好き、というのも少数派でしょう。「苦いもの」には、毒性があるものが多いので、私たちは生理的にそういうものを避けようとするのが普通なのですが、苦いものが好きという人は、やっぱり他の人とはちょっとどこか違ったところがあり、それが反社会的な性格に反映されているのでしょうか。

スマホがもたらす「頭脳流出」

プログラミングやテクノロジーに関する高度な知識を持った人たちが、日本を離れて、どんどん外国へ出て行ってしまう現象のことを「頭脳流出(ずのうりゅうしゅつ)」(ブレイン・ドレイン)と呼んでいます。頭脳流出は国にとって大きな損失なので、大変な社会問題にもなっています。**心理学でも「頭脳流出」という言葉を使います。**ただし、心理学で使うときには、少し違う意味になります。

米国テキサス大学のエイドリアン・ワードは、**スマートフォン(スマホ)を持っていると、他にやるべきことがあるというのに、そちらに集中できず、パフォーマンスが落ちてしまうという現象のことを「頭脳流出」と名づけています。**これが心理学でいうところの頭脳流出です。

たとえば、人に会うとき、スマホをテーブルの上に出しておく人がいます。そういう人は、チラチラと自分のスマホを盗み見るように眺めていて、目の前の人の話を真剣に聞いていません。これが頭脳流出です。

仕事中に、スマホを机の上に置いておくのもよくありません。どうしてもスマホが気になって、目の前の仕事が手につかなくなってしまいます。これも頭脳流出です。

その裏づけとなる研究をご紹介しましょう。エイドリアン・ワードは、スマホ保持者520人を実験室に呼び出し、数学の問題を解きながら、同時に文字列も記憶するという作業をやらせてみました。「48×12」という数学の問題を解きながら、「c・d・f・j・s」といった文字列も覚えなければならないのですから、これは大変です。

さて、ワードは作業が始まる前に3つの条件を設定しました。

●第1条件　スマホを机の上に置いておく
●第2条件　スマホを自分のカバンの中にしまっておく
●第3条件　実験室に入る前に、すべての荷物と一緒にスマホもロビーに預ける

この3つの条件で作業をやらせたところ、第3条件だけが作業で高得点を挙げ、第1条件と第2条件はあまりよい得点をとれませんでした。スマホは、机の上に置いておくだけでなく、カバンの中にしまっておいても、気を散らせてしまうようです。

以前、ある勉強法の本を読んでいたら、図書館に出かけるのなら、自宅にスマホを置いておきなさい、というアドバイスが載せられていました。ずいぶん厳しいアドバイスだと思いますが、カバンにしまっておくだけでは、どうしてもスマホをチェックしたくなってしまうことを

考えれば、そのほうがよいのかもしれません。そもそもスマホを持って行かなければ、チェックしたくても自宅に戻るまではできません。

ただ、今は移動やコンビニなどでサイフとしてもスマホは使うので、せめて図書館の中では電源をオフにしましょう。

四六時中スマホをいじっていないと落ち着かないという人もいますが、それはもう完全に「スマホ中毒」といってよいと思います。これでは、他のどんなことにも手がつかなくなりますし、日常生活にも支障をきたしてしまいます。スマホは便利なツールですが、ほどほどに付き合うのが正解です。

気分がへこんだ人は自分の理想を下げる

私たちは、他の人から心無い言葉をぶつけられたり、悪口を言われたりすると、気分がへこみます。するとどうなるかというと、自分はつまらない人間だと思うようになり、そんな自分にふさわしいのは、魅力が劣る相手だと思うようになります。

ニュージーランドにあるカンタベリー大学のフィリップ・カバナフは、40人ずつの男女に、3人の異性（サクラ）とインターコムでやりとりをするという実験をしました。

サクラは、だれに対しても、「あなたの趣味は？」「あなたの一番好きなところは？」というように同じ質問をすることになっていました。

やりとりが済んだところで、サクラからの印象という結果が知らされました。もちろん、この結果もあらかじめカバナフが作成しておいたもので、ある人には、「あなたとはデートしたくありません」という嫌な結果を伝え、ある人には「あなたとデートしたい」「コーヒーを一緒に飲みに行きたい」と好ましい結果を伝えました。

それから実験参加者には、何人かの異性の写真とプロフィールを見せ、「あなたがデートしたい人」を選んでください、とお願いしました。なお、異性の中には、魅力的な人もいれば、そうでもない人もいました。すると実験の前半部分で、サクラの異性から拒否的な結果を知らされた人たちは、なぜかそんなに魅力的でもない人をデート相手に選ぶことがわかったのです。

どうしてこんなことになるのでしょうか。カバナフによると、**私たちは、他の人から拒否されると自尊心が傷つき、自分はつまらない人間だと思うようになります。すると、「そんな自分に釣り合うのは、魅力的でない人だ」と思うようになる**のだそうです。

私たちは、自分にふさわしい人、釣り合う人を恋人に選ぼうとします。これを「釣り合い仮説」といいます。たまに、とびきり美人の女優さんが、平凡そうな人と結婚したりしてマスコミをにぎわせますが、おそらくは、その女優さんの自尊心はそんなに高くないのかもしれません。「自分なんてたいした人間でもない」と思っているので、そんな自分にふさわしいのは平凡な男性、と考えて、その男性を選ぶのかもしれません。**もちろん、これは可能性としてそういうことも考えられる、ということだけです。**平凡そうに見えても、実は凄く才能がある方なのかもしれません。

理想を高く持ったほうがよいというわけではありませんが、気分がへこんでいるときには、ひょっとするとそれほど魅力的でもない相手を選びかねませんので、その点は注意が必要だといえます。

人は自分と違う意見には耳を貸さない

読者のみなさんもそうだと思うのですが、**私たちは基本的に自分の意見、価値観に固執して、他の意見や価値観などは絶対に認めません。それが普通です。**自分の意見と食い違うような意見など、そもそも最初から聞きたいとは思いません。それがごく一般的な人間の姿なのです。

もし読者のみなさんがそのような人であったとしても、気にすることはありません。みんなそうなのです。

カナダにあるウィニペグ大学のジェレミー・フライマーは、オンラインで募集した２０２人に、「あなたは同性婚に賛成ですか？　それとも反対ですか？」と質問してみました。

続いて、同性婚に賛成の立場、あるいは反対する立場から書かれた記事を読んだら、10ドルがもらえるくじが引けます、と伝えました。ただし、自分の意見と一致する記事しか読まないのなら、7ドルのくじになってしまうことも伝えました。では、どんな結果になったのでしょうか。何と、どちらの立場の人も、約3分の2は、自分の意見と一致する記事しか読みませんでした。3ドル余計にもらえるかもしれないというのに、そのチャンスをふいにする人のほうが大半だったのです。3ドルを余計にもらうより、「気に入らないものはお金をもらっても読みたくない」という気持ちのほうが強いことが判明したのです。

私たちが、自分と異なる意見の人に耳を傾けないのは、頑固だからではなく、たいていの人がそうなのです。

「まったくあいつはこっちの話など、聞きやしない……」

「まったくあのじいさんは、頑固すぎる……」

「少しくらい、人の話を聞いてくれたっていいのに……」

私たちは、自分の話を聞いてもらえないときに、そうやって愚痴をこぼすものですが、とはいえ自分だって、違う立場の人の意見には耳を貸さないはずです。自分も他人の意見を聞かないはずなのですから、相手が耳を貸してくれなくても、お互いさまというものでしょう。

偉そうなことを語っていますが、私も人の意見には耳を貸しません。また、私は妻と意見が食い違ったときなど、「議論をするだけムダ。だって、人間は意見を変えないから」ということも知っているので、最初から議論をせずに逃げます。時間と労力のムダ使いはしないにかぎります。

人は意見を変えたりはしません。ですから、読者のみなさんも不毛な議論からはさっさと逃げたほうが正解、ということを覚えておくとよいでしょう。そうすれば、いちいちキリキリしないですむと思います。

お金持ちになっても幸せになれるとは限らない

「俺は世界一のお金持ちになってやる！」
「将来は、大豪邸を建てて、優雅な生活を送ってやる！」
大きな夢を持つのは大変にけっこうなのですが、あまりに、お金、お金、とお金に執着しすぎるのはよくありません。せっかくお金持ちになっても、幸せになれるとは限らないからです。

米国イリノイ大学のキャロル・ニッカーソンは、1976年に21の大学に入学した新入生に対して、「あなたにとって経済的に成功することはどれくらい重要ですか？」という質問をしてみました。それから約20年後に再調査してみると、大学1年生のときに、経済的に成功することが自分にとって「重要」と答えていた学生は、たしかに20年後には高収入であることがわかりました。若いころから、「お金持ちになってやる！」という強い意欲を持っている人は、その通りになるのです。この点については、まことに喜ばしい結果だといえるでしょう。強く願えば、その願いは叶えられるのです。

けれどもニッカーソンは、併せてあまり好ましくない結果も得ました。**高収入で、お金持ち**

になったにもかかわらず、そういう人たちは、満足度が低かったのです。

「ん!?　どうしてお金持ちになれたのに、自分の人生に満足していないんだろう？」

読者のみなさんはそう思いませんか。

ニッカーソンも同じように考えました。そこでさらに分析を進めてみると、彼らはお金持ちになるために、その他のことを犠牲にしていたのでした。**彼らは、仕事、仕事の人生を歩む傾向があったので、家庭を顧(かえり)みることはありませんでした。そのため、温かな家族から得られる安心感のようなものが少なく、満足度が低かった**のです。

お金持ちになれても、家庭が不幸になってしまったら、人生の満足感が減るのも当然です。週末にも仕事ばかりして、子どもと遊んであげることもなく、奥さんや子どもを旅行に連れて行ってあげることもないのでは、家庭はどんどん冷ややかなものになってしまいます。

もし、お金持ちになれても、そういう家庭で暮らすのは、幸せになれるとはとても思えません。「自分の人生はこれでよかったのかな」という後悔にさいなまれる可能性のほうが高いといえます。

もちろん、仕事に精を出して、お金持ちになることを目指してもよいのですが、だからといって家庭をないがしろにしてもよい、ということにはなりません。仕事と家庭のバランスをうまくとりながら、お金持ちになりつつ、しかも家庭もしっかりしていて満足度の高い人生を歩んでいきたいものです。

気分の落ち込みが記憶力を高める

私たちは、良い気分のときには、良い気分をそのまま維持しようとして、あまり物事を深く考えたりはしません。あれこれと考えていると、せっかくの良い気分が吹き飛んでしまうので、あまり頭を使わないようにするのです。

逆に、気分が落ち込んでいるようなときは、うつ病の人を見てもわかるように、深く考え込みやすいものです。ということは、ひょっとすると気分が落ち込んでいるときには、記憶力も高まったりするのでしょうか。そういう可能性は十分に考えられます。

この仮説を検証するため、オーストラリアにあるニューサウスウェールズ大学のジョセフ・フォーガスは、現実場面での記憶力の差を調べる実験をしてみることにしました。

フォーガスが選んだのは、とあるスーパーマーケットです。

晴れの日、または雨か曇りの日に、このスーパーマーケットを訪れた買い物客に、出口で声をかけて、お店に関する記憶テストを受けてもらったのです。2か月の実験期間中、晴れた日を14日間、雨か曇りの日を14日間選んで、同じ時間帯に実験が行われました。

記憶のテストといっても、難しいものではありません。たとえば、「レジの横に置かれていた展示物は？」「入り口付近にあった飾りは？」ということを、どれくらい思い出せるのかを測定してみたのです。質問は全部で10個ありましたが、晴れた日には1・03個しか思い出せませんでした。晴れた日には気分はウキウキしているものですが、そういう日にはあまりしっかりと周囲を観察したりはしませんし、当然、記憶もしていなかったのです。

ところが雨か曇りの日には、10個の質問中3・14個を思い出すことができました。晴れた日に比べて約3倍も記憶していたのです。雨か曇りの日には、だれでも自然に気分が落ち込むものです。そういう、**気分が落ち込んだときのほうが私たちは思考力や注意力も高まって、その結果として、記憶力のほうも高まることが明らかにされた**といえるでしょう。

雨の日や、どんよりと曇った日には、だれでも「ああ、嫌だなあ」と思います。私もそうです。しかし、ここは考え方を変えましょう。

「気分が落ち込んでいるっていうことは、そのぶん、深く考えられるってことだぞ。むしろ、仕事のチャンスなのかもしれないぞ」という感じで考えてみるのです。

何かを覚えなければならないときにも、雨や曇りの日は逆にチャンスなのですから、好都合だと思えばよいのです。

一週間のスマホ禁止がもたらす効能

現代人にとってなくてはならない必須アイテムが、スマホです。おそらくスマホのない生活など、とても考えられないという人がほとんどなのではないでしょうか。それくらい現代人がお世話になっているのが、スマホというアイテムなのです。

とはいえ、スマホがあるばかりに、ついついスマホをいじってしまって、スマホに振り回される生活を送っていることもたしかです。スマホに振り回されて、自分だけの時間を持つことができなくなり、ゆったりとした精神状態になることもできません。

英国イースト・ロンドン大学のニコラ・ヒューゲスは、「もし一週間、スマホを禁止したら、どうなるのだろう?」と考えました。いってみれば、〝スマホ断食(だんじき)〟をさせたら、人間がどうなるのかを調べてみたくなったのです。さすがに、日中までスマホを禁止すると仕事にならなくて困ってしまう人も出てくるため、自宅に戻ったらスマホ禁止ということにしました。

さっそくヒューゲスは、さまざまな年代の人を95人集めて、49人は一週間、自宅でのスマホを禁止、残りの46人には、これまで通りの生活を送ってもらいました。

それから一週間後、いくつかの心理テストを実施すると、**スマホを禁止されたグループでは、主観的幸福度、人生満足度、自己肯定感などがアップすることがわかった**のです。

「私は、何て幸せ者なんだろう」
「私の人生は、とても満足のいくものだ」
「私は、できる人間だ。私が本気を出せば、何でも可能だ」

スマホを禁止すると、こんな感じの感情が高まるというわけです。大変に好ましい効果があるといえるでしょう。

なぜ、スマホをやめると幸福度や満足度が高まるのかというと、**人間にとってスマホを使うことが、ストレスになっている**からに他なりません。「だれか友だちから、連絡が来ないかな？」ということばかりが気になって、それが小さなストレスをもたらしてしまうのです。そのため、スマホの使用を少しだけ控えるようにすると、精神的に伸びやかになり、それによって幸福度なども高まるのです。ずっととはいいませんが、自宅に帰ってのんびりしたいのなら、スマホの電源は切ってしまうことです。電源を切ってしまえば、もうだれからも連絡はありませんし、心もリラックスできるはずです。日中はしかたがなくても、自宅でまでスマホを使用する必要はないでしょう。スマホ断食はかなりの効果が期待できます。

読者のみなさんも、一週間くらい、お試しでやってみるのはいかがでしょうか。

心の専門家の診断はわりといいかげん

お医者さんの診断や処置は、わりといいかげんなところがあるのですが、同じ問題は、心の専門家にもいえます。

スイスにあるバーゼル大学のカトリン・ブルフミューラーは、1000人の心理学者や精神科医、ソーシャルワーカーなどにアンケートを配布し、子どもの事例についてのプロフィールを読ませて、ADHD（注意欠如・多動症障害）かどうかを診断してもらいました。ADHDとは、集中力がない（注意欠如）、じっとしていられない（多動性）、思いつくと行動してしまう（衝動性）といった症状が見られる障害です。

当時、心の専門家たちは、DSM－Ⅳと呼ばれる診断基準を使って、明確な基準のもとで診断をしなければならないことになっていました。表向きはそういう決まりでした。DSM－Ⅳにおいては、ADHDと判断するためには、「7歳以下で発症」「2つ以上の状況で症状が起きる」といった基準があり、そこから外れたら、もうADHDではありません。なお、ブルフミューラーは、子どもの事例についてのプロフィールをいくつか実験的に変えてみました。

①　ＡＤＨＤの基準をすべて満たすもの
②　２つの基準を満たさないもの（9歳で発症、学校でだけ症状が起きる）
③　３つの基準を満たさないもの
④　ＡＤＨＤでなく、全般性不安障害（ＧＡＤ）の症状と重なっている

②から④のプロフィールでは、ＡＤＨＤと診断してはいけません。にもかかわらず、心の専門家たちのうち、何と16・7％が②から④のプロフィールの子どもでもＡＤＨＤと診断してしまいました。約5人に1人の専門家がミスしたのですから、かなりの高確率で診断ミスがあるという、何とも情けない結果です。ちなみに、ＡＤＨＤはもともと男の子のほうが、女の子よりも多く見られます。今回の実験では、さらにプロフィールを同一にし、名前を女の子でなく、男の子にしておくだけで、驚くべきことに、「この子はＡＤＨＤ」と診断されることが2倍も多くなることもわかりました。こちらについても、情けない結果だといえます。

心の病気というものは、そもそも何をもって病気や障害とするのかは、とても難しいのです。実際には、病気でも何でもないこともあります。ちょっと気落ちしたり、ちょっと気分が高揚したりすることは、だれにでもあることです。ただ、その程度が普通の人よりも大きいときに、病気や障害とされるのです。ただし、その診断はというと、**心の専門家と呼ばれる人たちでさえ、わりといいかげんにやっているという事実があることも知っておいてほしい**のです。

私たちの直感は正しいことが多い

見知らぬ人に出会ったとき、その人が危険な人なのかどうかを見抜くことは、人間にとってものすごく大切なことです。

危険な人をきちんと見抜くことができないと、自分の生命が危機にさらされてしまいます。

そのためでしょうか、**私たちは、見知らぬ人に出会ったとき、その人が危険な人かどうかを本能的に見抜くことができるように進化してきた**のです。

特別な訓練を受けたわけでもないのに、私を含め、読者のみなさんも危険な人はすぐに見抜くことができると思います。この能力は人類には、だれにでも備わっていることが確認されています。少し安心できますね。

米国ジョージア州アトランタにあるエモリー大学のキャサリン・フォーラーは、実際の刑務所に収監されている96人の男性囚人にインタビューをし、その場面をビデオに録画させてもらいました。ただし、実験では、殺人や強盗などについて述べている場面をカットし、その男性が危険な囚人であることはわからない部分だけを使っています。ごくありきたりなことをしゃべっている場面を抜き出し、それを警察でも、心理学者でも、医者でも何でもないごく普通の大学生40人に、5秒だけ、10秒だけ、20秒だけ見せてみたのです。

それから、男性についての印象を尋ねてみたのですが、たった5秒見せただけでも、その男性が危険な人物かどうか、性格が凶悪かどうかなどを十分に見抜くことができることがわかったのです。私たちは、たった5秒でも、「この人は、何となく危険なにおいがする」ということに気づくことができるのです。その表情、その話し方、その身振りなどから、何となく「イヤ〜な感じ」がするのです。そして、この判断はたいていの場合、当たっているのです。

暴力犯罪の専門家のギャヴィン・ディー＝ベッカーの『暴力から逃れるための15章』という本の中には、エレベータのドアが開いて、男性と乗り合わせたときに、少しでも不安な気持ちになったら、すぐに逃げ出しなさい、というアドバイスが載せられていますが、心理学的にいっても、この行動は正しいのです。

「何となく怖い」と本能的に感じるときには、その直感は当たることが多いので、できるだけすみやかに回避行動をとりましょう。「大丈夫だろう」と高をくくっていると、取り返しのつかない事件に巻き込まれるかもしれません。

ちょっと大げさだと思われるくらいに慎重な行動をとっていたほうが、自分の生命を危険にさらすことはありません。人間は、臆病なくらいでちょうどよいのです。

ノーベル賞受賞者が好む趣味

科学的な創造力というものは、しばしば他の領域から得られるものだといわれています。たとえば、植物の知識がヒントになったり、生物の知識がヒントになったりして、医療的な発見がなされるなどです。近代免疫学の父ともいわれるイギリスのエドワード・ジェンナーは、農家のおばさんが「私は昔、牛痘(ぎゅうとう)にかかったから、天然痘(てんねんとう)にはかからないのよ」としゃべっているのをヒントに「世界初」のワクチンを作ったと言われています。いったい、何が役に立つかわからないものです。では、ノーベル賞を受賞するような人たちは、本業の仕事以外に、何か別のことをやったりしているのでしょうか。それとも物理学者は、物理学の研究ばかり、医学者は、専門の医学の研究ばかりを、やっているものなのでしょうか。

米国ミシガン州立大学のロバート・ルート・バーンスタインは、1901年から2005年までのノーベル賞受賞者、全米科学アカデミー会員、英国ローヤル・ソサエティ会員など、510人の一流科学者について、彼らが専門以外に何かをしているのか、しているのなら何をしているのかを調べてみました。

すると、面白いことに、**数多くの科学者が自分の専門以外のことを精力的にやっていることがわかりました。**写真、絵画、彫刻、ダンス、ガラス吹きなど、それを副業にしている人もたくさんおりました。

その内訳を詳しく調べてみますと、物理学者は、音楽を好み、絵画や演劇などは好まないこともわかりました。なお、科学者全般に、一番好まれるのは写真でした。科学者は、趣味に写真を撮ることが多いみたいです。

私たちは、科学者というと、どこかの研究室のようなところで、一心不乱に自分の専門の研究に取り組んでいるようなイメージを持つものですが、それは実像とは大きくかけ離れているようです。**科学者たちは、多彩な趣味を持っていて、そちらのほうも熱心に取り組んでいたのです。決して、専門の研究ばかりをしているわけではありません。**

ちなみに、科学者以外では、詩を書くことがもっとも好まれることもわかりました。

おそらくは、趣味があるからこそ、よい気分転換ができ、それによって新鮮な発想が生まれたりするのではないでしょうか。あるいは、趣味のほうで得た知識を、専門の研究に活かしているのかもしれません。読者のみなさんも、仕事で煮詰まったときには、何か他のことに目を向けてみるのがよいかもしれません。趣味のほうにも力を入れると、本業のほうにも好ましい相乗効果が期待できそうです。

時代とともに人はナルシストになっていく

私たちは、昔の人に比べると、少しずつナルシストの度合いを高めています。

「えっ!? 私は、自分のことが大嫌いなんですけど……」

「私は、自己卑下(ひげ)の傾向が強すぎると思うのですが……」

そう思う人もいるでしょう。当然、そういう人はいると思いますが、そういう人はどんどん減っています。全般的な傾向としては、人類はますますナルシストの度合いを高めていることは事実なのです。

米国サンディエゴ州立大学のジーン・トゥエンジは、全米から85の大学を選んで、ある調査を行ってみました。この85の大学では、1979年からずっと大学に入学した一年生を対象にして、ナルシストの度合いを測定する性格テストを実施していたのです。

トゥエンジは、1979年から2006年までに入学した学生の、ナルシストのテストを受けた1万6475人分のデータを使い、その変化を分析してみました。するとどうでしょう、1982年から、ナルシスト得点はずっと上がり続けているではありませんか。

２００６年の学生の３分の２は、１９７９年から１９８５年の学生の平均よりも30％もナルシストの度合いが高いという結果になりました。つまり、**時代が進むにつれ、人はどんどんナルシストになってきていると考えられる**のです。

どうして、現代人はナルシストになっていくのでしょうか。

これは推測にすぎませんが、**テクノロジーの進歩によって、ますます「ワガママ」が許容されるようになってきたから**でしょう。かつては、職場に苦手な人や嫌いな人がいても、そんなことを理由にして出社しないわけにはいきませんでした。そうやって我慢することで、自然と心の自己鍛錬（たんれん）がなされ、「自分だけワガママを言うわけにはいかない」ということを学習することができました。ところが、テクノロジーの進歩によって、特に職場に出向かなくても、リモートワークや在宅勤務も可能になり、嫌な人とは付き合わなくてもよい、という風潮になってきました。現代人は、自分の好きな人とだけ付き合い、自分が好きなものを食べ、自分の好きなように行動できる選択肢がどんどん増えてきているのです。こういうテクノロジーの進歩が、人類のワガママを助長しているのでしょう。

自動車や鉄道などの進歩によって、現代人は、あまり歩かなくなり、それによって昔の人に比べれば体力が格段に落ちました。それと同じように、テクノロジーの進歩によって、性格のほうもどんどんワガママなナルシストになってきているのです。嘆（なげ）かわしいと思う人がいるかもしれませんが、この流れはこれからもずっと続くと思われます。

アイドルグループがかわいく見えてしまう理由

ＡＫＢ48にしろ、乃木坂46にしろ、アイドルグループのメンバーは、みなとてもかわいく見えてしまうものです。しかし、残念ながら、それは錯覚にすぎません。ファンの人には申し訳ないのですが、私たちの目は、「グループのメンバー」ということで簡単に騙されてしまうのです。その証拠に、一人一人のメンバーを個別に見てください。「あれれっ!? 何だ、普通の女の子じゃないか！」ということに気づくはずです。

心理学では、こういう現象のことを**「チアリーダー効果」**と呼んでいます。

アメリカのＣＢＳで放送されていた『ママと恋に落ちるまで』というテレビドラマがあります。このドラマ内で、ある登場人物が言った**「チアリーダーは一人一人で見るとそんなにかわいくもないのに、みんなで集まっていると、とてもキレイに見えてしまう」**というセリフにちなんで名づけられた用語です。

米国カリフォルニア大学サンディエゴ校のウォーカー・ドゥルーは、５つもの実験をくり返し、人の魅力を評価してもらうときには、一人で写っている写真よりも、グループで写っている写真を見せたほうが魅力は高まることを確認しました。では、どうしてグループだと、人は魅力的に見えるのでしょうか。その理由は、グループ全体の平均値に引っ張られて評価してもらえるからです。たとえば、100点満点で魅力が30点のメンバーがいるとしましょう。アイドルなのですから、そんなに低い魅力のメンバーなど、そもそもいないと思いますが、話をわかりやすくするためです。そして、グループ全体の平均魅力が80点だったとします。

すると、その魅力が30点のメンバーは、全体の平均値の方向に引っ張られて、60点とか、70点の魅力があるように見えてしまうのです。これがチアリーダー効果です。

私たちが人の魅力を評価するときには、一緒にいる人も含めて、まとめて得点化されるという心理メカニズムが働きます。そのため、多くの場合には、魅力が水増しされるものなのです。たいていの女性アイドルグループには、とてもかわいい女の子がセンターの位置に立っていますす。すると、その両隣にいる人たちも、何となくかわいく見えてしまうのです。

男性のアイドルグループについても、事情はまったく同じです。街中で普通に見かける男性と、そんなに大差があるわけでもありません。ところが、飛びぬけてカッコいい人もいるので、全体としては個々のメンバーもそれなりにカッコよく見えてしまうのです。

「私は、そんなにかわいくもない」「僕は顔だちに自信がない」と思いながら、それでも芸能界に入ることを夢見ているのだとしたら、グループとしてのデビューを考えてみるとよいでしょう。そのほうが成功する可能性は高くなると心理学的には予想できます。

デジャブ体験はごくありきたりに起きる

「何だか、この場所には見覚えがあるぞ。ひょっとすると、前世で私はここを訪れたことがあるのだろうか……」

こういう体験を、デジャブ体験といいます。フランス語の「déjà vu」をそのままカタカタにして使うことが多いのですが、日本語では、「既視感（きしかん）」と訳されています。こういう経験をすると、なんとなく怖くなったりもするのですが、まったく心配はいりません。なぜなら、デジャブ体験は、けっこう普通に起きるものだからです。

米国テキサス州にあるサザン・メソジスト大学のアラン・ブラウンは、デジャブ体験についての調査をしたところ、何と約60％の人が経験していることがわかりました。珍しくも何ともない現象だったのです。ブラウンによると、デジャブ体験をしやすいのは、地位の高い人や学歴の高い人が多いそうです。また、ストレスを感じたり、疲労したりしているときに起きやすいことも明らかにしています。では、**どうしてデジャブ体験が起きるのかというと、いくつかの説があるのですが、有力な説は、私たちの脳みその勘違いから生じる、というもの**です。

■インターネットで検索した神社の写真

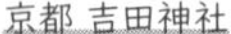
京都 吉田神社

京都 上賀茂神社

だいたいデジャブが起きやすいのは、似た景色があちらこちらとあるようなときです。

たとえば、日本でいえば、神社は、どこもよく似ていることが多いので、私たちの脳みそは個々の神社をうまく区別できません。こういうときにデジャブ体験が起きやすいのです。インターネットで神社の画像を検索してみると、上のような画像がたくさん出てきます。本当はもっとたくさんあるのですが、適当に2つほど見てみましょう。

どちらも京都にある神社なのですが、あれあれ、何だかものすごく似ていませんか。森や林の中にあって、似たような赤い鳥居があって……という具合にすべて似ているのです。私の自宅のそばの神社も同じような感じです。こういう場所を訪れると、私たちの脳みそは「以前にも来たことがある」と間違えてしまうらしく、それがデジャブ体験を引き起こすと考えられています。

デジャブ（既視感）を覚えると、私たちはぞっとして怖くなったりするかもしれませんが、メカニズムさえ知ってしまえば、どうということはありません。単なる脳みその勘違いなのですから、怯える必要はありません。

男性が「チラ見」をしてしまうのはなぜ？

男性は、たとえ彼女と一緒に歩いているときにでも、他の女性が通りかかったりすると、ついつい、チラリとそちらに目を向けてしまうものです。いわゆる「チラ見」と呼ばれる現象です。一緒にいる彼女のほうは、当然、面白くありませんから、「どうして私がいるのに、他の女に目をくれてんのよ！」とまなじりを吊り上げて怒ることになるのですが、これは彼氏が悪いのではなく、どうも男性というものはだれでもそうしてしまうのが一般的な傾向のようなのです。

米国カリフォルニア大学ロサンゼルス校のドン・ヴォーンは、平均28・4歳の成人の男女に集まってもらい、75枚の異性の写真を見せて、一人一人に魅力の得点をつけてもらいました。ただし、半分の写真を評価するときには、いくらでも好きなだけ眺めてもらって、残りの半分の写真を評価するときには、わずか0・225秒だけ見せました。0・225秒というのは、1秒の4分の1ほどの時間です。ほんの一瞬だけ「チラ見せ」する感じです。

その結果、**男性はというと、チラ見をするときに、女性の魅力を高く評価するという、「チ**

ラ見効果」を起こすことがわかりました。まったく同じ女性を評価するときにも、時間がたっぷりあるときより、チラリと見たときのほうが74％の人は魅力を高く評価したのです。女性では、そういうことは起きませんでした。

これは、いったいどういうことなのでしょうか。

ヴォーンによると、これは男女の恋愛戦略の違いに起因するようです。

男性にとっては、魅力的な女性を見逃してしまうことは、恋愛のチャンスを失うことになります。つまり、見逃しのコストが高いのです。そのため、**男性は、できるだけ魅力的な女性を見逃さないよう、たとえ彼女や配偶者がいる人でも、他の女性がいると、本能的にそちらに目を向けてしまう**のです。

女性は、そうではありません。**女性は、つまらない男に引っかかることによるコストが高いのです。**つまり、**女性はできるだけ厳しい目で男性を見たほうがよく、チラ見で男性を評価しないほうが恋愛はうまくいく**のです。

こういう男女の恋愛戦略の違いによって、男性はチラ見をしやすく、女性はチラ見をしない、という違いが生まれてくるのです。

恋人のいる女性にとっては、自分の彼氏が他の女の子をチラ見するのは面白くないかもしれませんが、それは彼氏だけがそうするのではなく、他の男性でも同じようなことをするものだと割り切って考えてあげれば、そんなに腹も立たないのではないかと思われます。

私たちは、偉い人が不幸に遭っていると嬉しい

ドイツ語には、日本語でいうところの「他人の不幸は蜜の味」をあらわす単語があります。「シャーデンフロイデ」(schadenfreude)といいます。他の人が失敗したり、不幸な目に遭ったりしていると、私たちはその姿を見て、心の中で気持ちがよくなるのです。これがシャーデンフロイデ現象です。読者のみなさんにも、そういう経験はあるはずです。

米国マサチューセッツ工科大学のミーナ・シカラは、数多くのスライドを見せて、そのスライドを見たときにどういう感情を持つのかを調べてみました。スライドには、おいしそうなサンドイッチを食べている人や、走っているタクシーに水しぶきをかけられている紳士など、さまざまな場面が用意されていたのですが、地位の高そうな紳士がずぶ濡れにさせられるなど、不幸な目に遭っているのを見ると、「嬉しさ」を感じることがわかりました。しかも、性格がゆがんだ人だけに、シャーデンフロイデが見られるのではありません。

ごく普通の人でも、地位の高そうな人が不幸な目に遭っていると、溜飲(りゅういん)が下がるというか、何か気分がすっきりして、晴れやかな気分になるのです。

ワイドショーでは、タレントのだれそれが離婚したとか、芸能人のだれそれが覚せい剤の所持で逮捕された、ということがニュースになることがあります。そういうニュースを聞くとき、私たちは自分でも気づかないうちに、たぶん口元が笑っているはずです。お金持ちや、きれいな奥さんがいる人や、知名度があってチヤホヤされているようなタレントが不幸な目に遭っているのを見るのは、私たちにとってものすごく嬉しいことなのです。

おそらくは、自分よりも地位や評価が上の人が不幸な目に遭うと、その人が自分の立場にまで落ちてきたと思うのでしょう。それが私たちに喜びや嬉しさを感じさせるのです。

人間の心というものは、純粋で、きれいなものばかりではありません。こういう、ドロドロとした恨みや嫉妬、妬みなどの悪い性質も持っているのです。

いつも威張っているような上司が、他の人から怒鳴られているのを見たら、おそらくはみなさんも「いい気味だ」と思って、すごく気持ちよいのではないかと思います。

「そういうことを考えてはいけない」「そんな感情を持つのは失礼だ」とは思いつつも、それでもやっぱり、不幸な目に遭っている人を見て、幸せな気分になるでしょう。

それは人間なのだから、当たり前のことなのです。

もちろん、心の中で喜びを感じていても、不幸な目に遭っている人がいたら、少なくとも表面上では、同情してあげるのがエチケットといえます。「大丈夫ですか？」とやさしい声をかけてあげるのも大切なマナーです。

第2章

すぐに使える心理学研究

意志力は尽きないと思っていれば尽きない

欧米人は、人間の意志力や精神エネルギーのようなものは、体力と同じように、使えば使うほど減っていくものだ、という考え方をします。仕事で頭を使ったら、意志力も減るので、元に戻すためには休憩が必要だ、という思考をするのです。

ところが、インドのような国では、私たちの意志力や精神エネルギーは無尽蔵で、いくら使っても枯れることはない、という考え方をします。いったい、どちらが事実に近いのでしょうか。正解を先にいいますと、どちらも正しいのです。

つまりは、**本人の考え方次第で、「意志力は枯渇するもの」と信じている人は、意志力を使っているとどんどん減衰していきますし、「意志力は無限だ」と信じている人では、そういうことは起きません。**

米国スタンフォード大学のヴェロニカ・ジョブは、60人の大学生に意志力についての信念を聞きました。「あなたは、精神エネルギーはどれだけ使っても枯渇しないと思いますか？　それとも少し休まないと復活しない性質のものだと思いますか？」のような質問です。

それから、意志力を必要とする課題を2つ用意し、大学生にやってもらいました。最初の課題は、文章を読みながら、そこに出てくる単語内の「e」の文字に線をつけて消していくものです。集中しないといけませんから、かなりの意志力を必要とするといえます。

この課題が終わっても、気は抜けません。すぐに2番目の課題が行われるのですが、こちらはストループ課題と呼ばれるもので、赤色で「緑」と書かれた文字や、黄色で「青」と書かれた文字がスクリーンに次々と映し出されるので、文字の色を答えていくというものです。やってみるとわかるのですが、つい引っかかりそうになるので、相当に頭を使います。この実験の結果、面白いことがわかりました。

「意志力は減るものだ」という信念を持っている人は、2番目のストループ課題ではミスが増えたのです。1つ目の校正課題で疲れているのだから、2つ目の課題がうまくできないのは当然、ということでしょうか。ところが、「意志力は尽きない」と信じている人では、2番目のストループ課題でもミスを連発するということはありませんでした。

結局、本人が、意志力は尽きないと思っていれば、いくら頭を使っても意志力が尽きることはないのです。仕事でもそうで、いくら頭を使っても、人間の頭がパンクするようなことはないと思っていれば、何時間でも、作業能率を落とさずに仕事に取り組み続けることもできるでしょう。**「頭を使ったら、休憩が必要」と思っているから、休憩が必要になる**のです。

うつむいているとやる気も出なくなる

私たちの心は、自分がどんな姿勢をとっているかによって影響を受けます。うつむいた姿勢をとっていると、悲観的になりやすく、物事もすぐに投げ出したくなります。

スポーツ選手は、試合に負けそうになっても、うつむきません。顔を下げると、コーチや監督から、「顔を上げろ！」と怒鳴られることもあります。うつむいていたら、本当に負けてしまうからでしょう。

米国テキサスA&M大学のジョン・リスキンドは、姿勢が私たちの心に与える影響を、実験によって確認しています。リスキンドは、実験参加者の首の後ろに電極をつけて、「落ちないように」と指示を出しました。表向きは、生理反応を調べたいと伝えたのですが、本当は、電極が落ちないようにするためには首を下に向けなければならず、うつむく姿勢をとらせることが目的です。別の参加者には、肩に電極をつけて、「落とさないように」と伝えました。その電極を落とさないためには、背筋を伸ばさなければならず、本当は直立姿勢をとらせることが目的でした。

さて、それぞれのグループに電極をつけたところで、リスキンドの実験は始まります。さまざまな形のピースを組み合わせて、見本通りの形を作るパズルを与えて取り組んでもらったのですが、実は、このパズルはどんな組み合わせをしても解けないようになっていました。参加者はいつでも好きなときにギブアップしてよかったのですが、どれくらい粘り強く取り組んでくれるのかを調べたかったのです。

リスキンドは20秒おきに経過時間を伝えたのですが、うつむいた姿勢をとらされたグループでは、平均して10・78回目の合図のときにギブアップしました。直立した姿勢をとらされたグループでは、20秒おきの合図で平均17・11回まで頑張りましたから、直立姿勢をとらされたほうが、はるかに粘り強く取り組むことがわかりました。この実験から、**アゴを下げて、うつむいていると、心にもパワーが出なくなることがわかりました。**

仕事をしていて、もう投げ出したいなという気持ちになったときには、うつむかずに、むしろ顔を上げてみてください。うつむいているからやる気も出てこなくなるのであって、顔を上げていれば、もう少しだけ頑張ってみようかな、という気持ちになるかもしれません。すぐに投げ出してしまうのは、姿勢が悪いという可能性があります。

普段から、できるだけ顔を上げておきましょう。**外を歩くときには、できるだけ空を見てください。そういう気持ちで生活していたほうが、心にパワーが溢れてきて、何事にも粘り強く取り組めるようになります。**

イライラしたときには自分を客観視してみる

イライラしたときには、幽体離脱した自分がちょっと離れたところから、自分自身を眺めてみるようなイメージをしてみることをおススメします。そうすると、すぐに冷静さを取り戻すことができると思います。

イライラに巻き込まれるのではなく、一歩離れたところから自分を観察してみましょう。上空から自分自身を見下ろしてみるようなイメージをするのもよいです。上空から自分自身を眺めつつ、実況中継してみるのです。「おおっと、○○（自分のこと）は、ちょっと感情がキレそうですね。この後、いったいどうやって対処するのでしょうか！ これは見ものですよ〜」とスポーツキャスターになりきって実況中継をしていると、わりと簡単にイライラがおさまっていきます。

米国カリフォルニア大学バークレー校のオズレム・アイダックは、90人の実験参加者に、まずは5分間の血圧を測定させてもらいました。これがベースライン（基本となる状態）の血圧とします。つぎに、自分が心から腹が立ったときの状況をまざまざと思い出させ、同じように血圧を測定させてもらいました。怒り状態での血圧なので、当然、ベースラインに比べて、ぐっと血圧は高まりました。

最後にアイダックは、少し離れたところから傍観者のような立場で同じ状況を眺めるように、という指示を出しました。それからもう一度血圧を測定させてもらうと、傍観者のような立場で状況を見直してみると、血圧がベースラインとほとんど変わらないレベルに戻ることがわかりました。**自分を客観視することは、イライラを解消するのにとても役に立つ方法であることが明らかにされた**といえるでしょう。

上司に叱責されたり、お客さんから理不尽なクレームを浴びせられたりしているときには、その状況に巻き込まれてはいけません。「クソッ、何で俺だけ文句を言われなきゃいけないんだよ！」「チクショウ、あとで復讐してやるからな！」などと心の中でつぶやいていたりすると、余計に腹が立ちますし、心の健康にもよろしくありません。

こんなときには、自分の心を幽体離脱させ、少し離れたところから相手と自分を眺めてみるようにしましょう。「あらあら、お客さんはずいぶん怒ってらっしゃいますねえ。ひょっとするとお腹が空いていて、イライラしているのでしょうか。自分でも理不尽なクレームだということに気づいていないようですねえ〜」と、のんびり実況中継でもやっていると、いつの間にかイライラも解消されるはずです。

同じことのくり返しの練習はダメ

スポーツの技術を高めようとするのなら、練習にはある程度のバリエーションをつけましょう。まったく同じ練習を、延々とくり返すよりは、複数の練習を組み合わせたほうが、技術の向上が見られるものだからです。

米国ルイジアナ州立大学のデニス・ランディンは、体育のクラスを受講している28人の女子大学生に、バスケットボールのフリースローの訓練をしてもらいました。

ただし、訓練内容は、2つのグループで異なるものにしました。ひとつのグループは、ゴールから3・6メートル離れた距離に正面を向いて立ち、普通のフリースローをくり返させるというものです。

もうひとつのバリエーション訓練のグループでは、普通に正面からの練習をしたり、ゴールに近づいて（2・4メートルの距離）練習したり、次には、ちょっとゴールから離れて（4・5メートルの距離）、そこからのフリースローを練習しました。

さて3日後、10回のフリースローをさせ、完全にゴールから外れたときを1点、ゴールのリ

■図①　練習の違いによるフリースローの平均得点

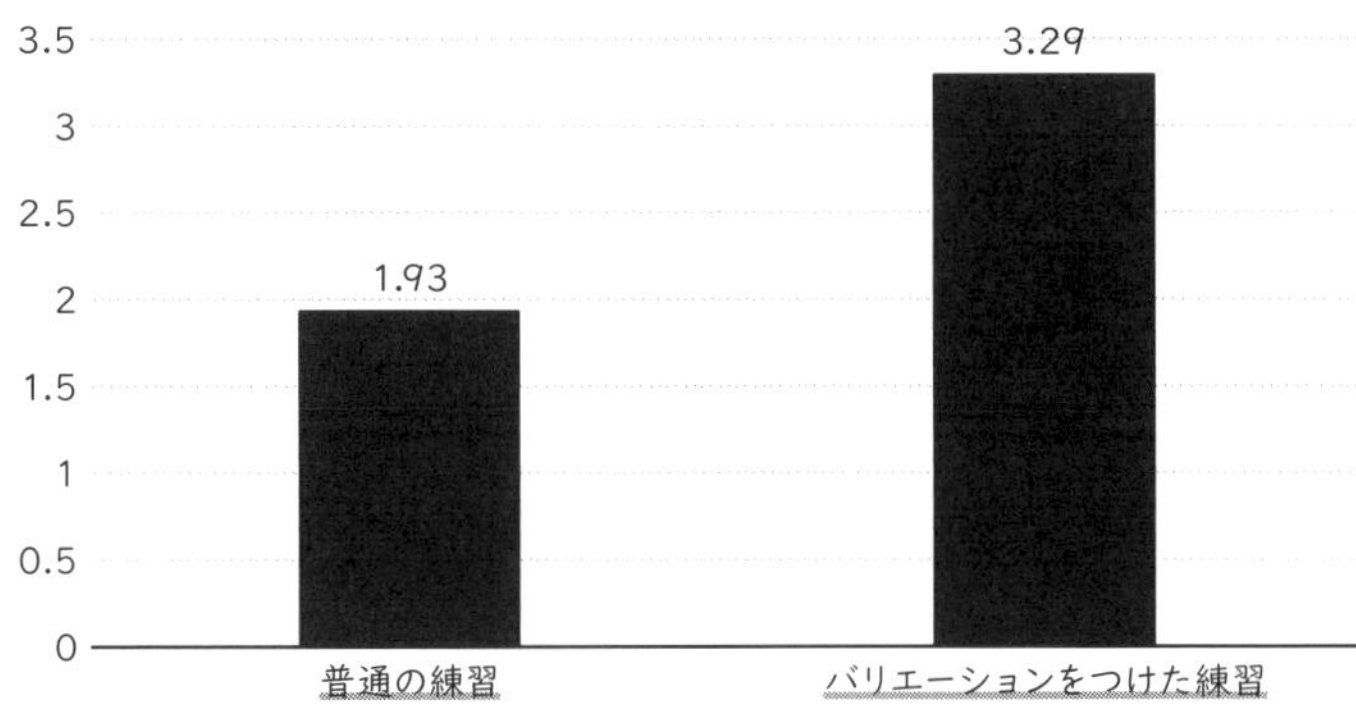

＊数値は、5点満点。

（出典：Landin, D. K. et al., 1993より）

ングに当たって入ったときには3点、リングに当たらず、きれいに入ったときには5点として10回分の平均得点を調べたところ、図①のような結果になりました。

結果を見ると、バリエーションをつけて練習させたときのほうが、フリースローの技術が向上していることがわかります。

努力は大切ですが、ただやみくもに練習しても、スキルアップはしません。野球でいうと、単純に同じ素振りをくり返すのではなく、フォームを変えながら素振りをするとか、ノックを受けるときには、普通のグラウンドではなく、あえて河原のような石がごつごつしていて、ボールがイレギュラーな動きをするところでも練習してみるとか、色々なバリエーションをつけてみましょう。そのほうが、技術も上達しやすくなるといえるでしょう。

できないところを重点的につぶす

ピアノの演奏を上達させたいのなら、自分がうまくできないところを重点的に練習することが大切です。ある曲を学ぼうとするとき、最初から最後まで、通して練習したくなってしまうものですが、それよりも苦手なパートだけを集中的につぶしたほうが、覚えるのも早いです。

米国テキサス大学のロバート・デュークは、ピアノ科を専攻している学生17人に、ショスタコーヴィチのピアノ協奏曲第1番を、自分が完璧に弾けると思えるまで練習してもらいました。そして、その翌日にテストをしてみたのです。その結果、正しく弾けるかどうかに、練習時間は関係ありませんでした。ただ長く練習すれば上達するのかというと、そうではなかったのです。練習風景をビデオ撮影しておいたものを分析してみると、正しく弾くことができた学生は、自分がどこでつまずいてしまうのかを正しく見抜いて、そこのパートを重点的に練習していました。全体を通して、等しく練習するわけではなかったのです。さらに、苦手なパートを練習するときには、テンポを変えたり、変化を加えて弾いてみたりしていました。

何かを覚えようと思ったら、自分の苦手なところだけを集中してつぶしていくという学習ス

タイルをとるとよいそうです。

たとえば、数学の応用問題が苦手なのであれば、計算問題などに時間を割かず、とにかく応用問題だけを解きまくるのです。英語のリスニングが苦手なら、単語や熟語の勉強をしたり、文法の学習に時間を割いたりせず、ある一定期間は、とにかく英会話のテープやＣＤを聞きまくるのです。そうしたほうが、はるかに効率よく苦手な領域をつぶすことができます。

どこの本で読んだのか、ちょっと忘れてしまいましたが、ある進学校の野球部のお話をしましょう。学校の方針として、勉強のほうもおろそかにしないというルールがあったため、野球名門校のようには練習時間をとれませんでした。普通の野球部では、まず全員で柔軟体操をし、それから全員でグラウンドを走り、それからキャッチボール、守備練習、打撃練習、というように進んでいきますが、その学校ではとてもそんな時間はとれません。

そこで、守備が苦手な人は、とにかくゴロをうまくさばく練習だけを行い、打撃が苦手な人は、バッティングだけというように、重点的な練習をくり返すことで、野球名門校と張り合うほどの実力をつけたといいます。

時間をかけて練習する時間がとれないのなら、どうすれば効率よく学べるのかに頭を使いましょう。うまく時間を使えば、少ない練習時間でも、かなり濃密な学習ができるはずです。

食べなくてもお腹がいっぱいになる方法とは

ポテトチップスをずっと食べていると、そのうちに飽きてきて食べたいという欲求もどんどんなくなってきます。私たちは、同じ味のものをずっと食べていると、そのうち食べられなくなってしまうのです。では、この現象はイメージをするだけでも同じ現象が起きるのでしょうか。つまり、ポテトチップスをずっと食べている自分の姿を頭に思い浮かべていたりすると、何だかお腹がいっぱいになってきて、実際には食べていないのに、お腹がいっぱいで食べられなくなったりするのでしょうか。

このような疑問を感じた米国カーネギー・メロン大学のキャリー・モレウェッジは、実際に試してみることにしました。モレウェッジは51人の実験参加者を2つにわけ、片方にはエムアンドエムズ（M & M's）を3個食べている姿を思い浮かべてもらいました。もう片方には、30個食べているところを想像してもらいました。

それから、ボウルにエムアンドエムズを大量に入れて出し、「好きなだけ食べて味を評価してください」とお願いしました。ちなみに、エムアンドエムズのチョコは1個が0・8グラム

■図②　M&M'sを想像で食べた量と実際に食べた量

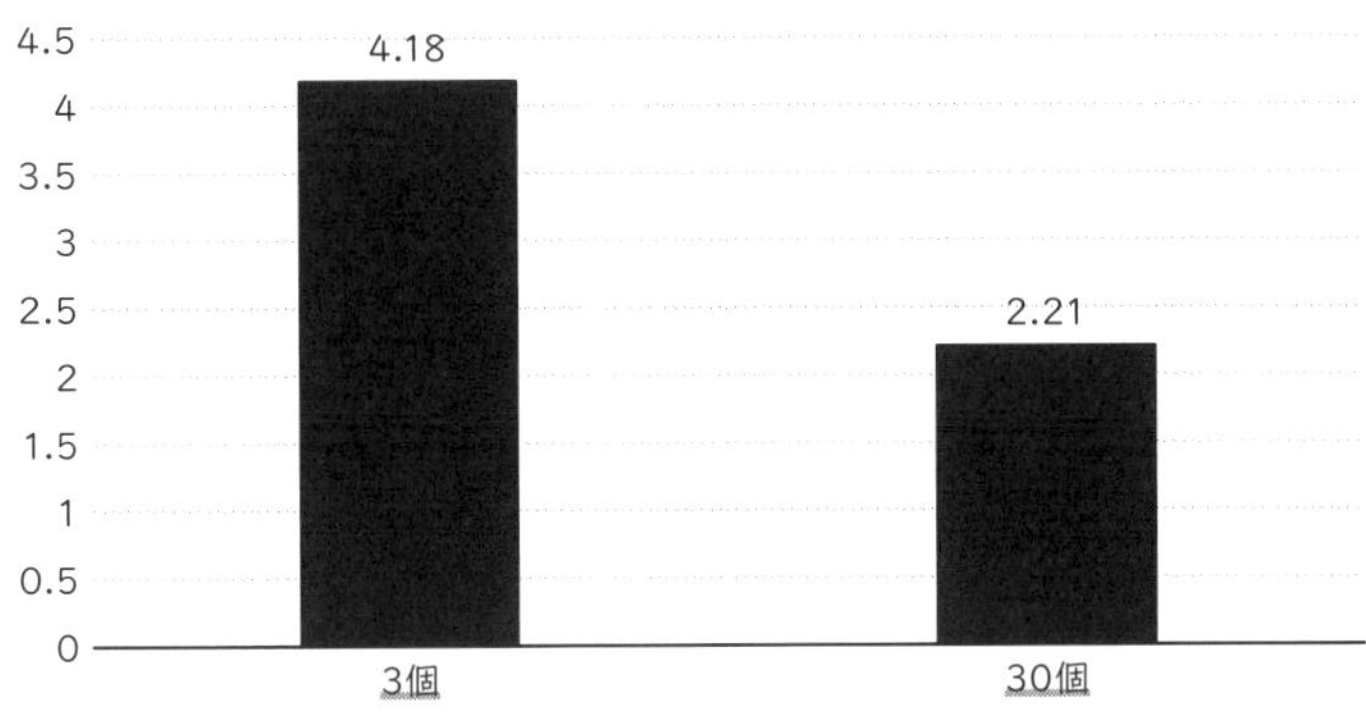

＊単位はグラム

（出典：Morewedge, C. K., et al., 2010より）

でしたので、後でボウルの重さを測って、食べた重さを算出してみました。すると、図②のような結果が得られました。**30個も食べている姿を思い浮かべると、実際に食べるときには、あまり食べられなくなってしまっていることがわかります。**3個だけ食べたイメージの条件に比べると、半分とはいきませんが、それくらいしか口にできなくなってしまいました。

ひょっとすると、この方法はダイエットにも利用できるかもしれません。つまり、**お腹いっぱいごはんを食べている姿を思い浮かべていると、お腹もいっぱいになったように感じてしまうのです。**そして、いざ食べようとすると、そんなにお腹に入らなくなるのではないか、と予想できるのです。ダイエットを考えている人は、ぜひお試しください。

集中したいときにはスマホは見えないところに

スマホが机の上にあると、人間は気が散ってしまいます。

ルーティンワークのような簡単な仕事をするときには、スマホを机の上に出したままにしておいても問題ありませんが、**頭を使わなければならないような仕事をするときには、できるだけスマホは目につかないところにしまっておいたほうがよい**でしょう。仕事の能率が知らないうちに落ちてしまうかもしれません。

米国メイン州にあるサザン・メイン大学のビル・ソーントンは、大学生を使って、スマホがいかに作業の邪魔になるかを検証しています。女性のアシスタントが、さりげなく自分のスマホ（またはノート）と、ストップウォッチを参加者の机の端の方に置き、実験の説明を始めます。「みなさんには2つの作業をやってもらいます。ひとつは指示された数字を消してゆく作業です。もうひとつは、指示された数字の足し算の作業です」と。それから、ストップウォッチだけを持ち上げます。スマホ、あるいはノートだけは、参加者のテーブルの上にこっそりと置いたままにしました。指示された数字を消していく作業は、単純で、簡単なものでした。

たとえば、こんな感じです。

● 3 8 2 1 6 2 7 5

※2だけを消していくという単純作業

もうひとつの作業の足し算のほうは、やや複雑なものでした。たとえば、次のように。

● 3 2 1 6 1 8 3 0 5

※足して3になるものを探していく作業

作業がやさしいときには、テーブルの上にスマホを置かれていようが、ノートを置かれていようが、成績はほとんど変わりませんでした。ところが、やや複雑な作業をやらされるときには、スマホを置かれていると参加者たちの気が散るのか、てきめんに成績が悪くなることがわかったのです。また、ノートでは気が散らないこともわかりました。私たちにとって、スマホは気を散らせる対象であることが判明したといえる実験です。**頭を使う仕事をするときには、スマホは確実に作業に悪影響を与えると思って間違いありません。**

かくいう私は、原稿を執筆するときにはスマホを作業場には置かず、隣の部屋に置いておきます。スマホに邪魔されないようにするためには、目に見えるところに置かないのが一番です。

〝できる学生〟が心がけていること

成績が優秀な、いわゆる〝できる学生〟と、成績がCばかりの学生には、いったいどのような差があるのでしょうか。

「そんなもん、生まれつきの差だよ」と思う人がいるかもしれませんが、それをいったら話が終わってしまいます。遺伝や、才能とは違って、何かこう、行動的な習慣のようなものでの差はないものでしょうか。実は、できる学生と、できない学生には、明らかにやっていることの違いが見つかっていますので、そのお話をしましょう。

米国テネシー大学のジェニー・リリーズは、医学部の学生を調査し、成績が「A」の学生の勉強時間は、1日に6時間から8時間であるのに対して（全体の50％）、成績が「B」の学生は、1日に3時間から5時間と答え（全体の52％）、成績が「C」の学生も、1日に3時間から5時間でした（全体の63％）。

何のことはありません、**成績がよい、できる学生は、他の学生よりも、一生懸命にたくさん勉強している学生だったのです。**さすがに医学部生というべきか、成績が「C」の学生も勉強していないわけではありませんでした。けれども、成績が「A」の学生に比べれば、やはり相対的に〝足りなすぎる〟のであって、それが成績の差になってあらわれてしまうのでしょう。

またリリーズは、成績が「A」の学生は、講義の復習をその日のうちにやっていることが多いことも突き止めました。その日にやったことは、その日のうちにしっかりと自分のものにしてしまうのです。そのほうが、後になってまとめてやるよりも効率よく知識化できるからでしょう。さらに、成績が「A」の学生は、対面で受ける講義を好み、オンライン講義はできるだけ避けることもわかりました。すべての科目でAをとる超優秀な学生は、オンライン授業が「0時間」と答えた人が半数以上でした。やはり対面で受けたほうが、本気の度合いが違うというか、真剣に教授の話を聞くことができるため、できる学生は、オンライン講義をそもそも履修しません。ともあれ、**できる学生は、もともと生まれつき優秀なのかもしれませんが、それ以上に「努力家」であることが明らかにされた**といえるでしょう。

「当たり前のことじゃないか」と思われるかもしれませんが、裏を返して言えば、こと勉強に関しては、当たり前のことをしっかりやっていれば、確実に知識もつくということです。

スポーツの世界では、努力したから成功するとは限りません。ビジネスの世界も、芸能界の世界だって努力がそのまま成功には結びつきません。けれども、勉強に関しては、努力は決して裏切りません。努力すればするだけ、成績は伸びていくものなのです。

自然な悲しみは自分で癒せる

何十年も連れ添った配偶者に先立たれることは、非常に悲しいことです。愛しい人と死別したとき、人は悲しみますが、これはごく自然な感情です。多くの人は、あまりに悲しみが募って、セラピーを受ける人もいます。これは「グリーフ・ケア」とか「グリーフ・カウンセリング」と呼ばれています。「グリーフ」とは、英語で「悲しみ」という意味です。

「悲しいのだから、カウンセリングを受けるのも当然だろう」と思われるかもしれませんが、米国コロンビア大学のジョージ・ボナノは、その必要性はない、と説いています。

ボナノによると、**たいていの人は、自らの力で喪失の悲しみから立ち直るのであって、セラピーなどを受けると、かえって悲しい思いを引きずって、回復が遅れるばかりか、むしろ事態をさらに悪化させる可能性さえある**というのです。

こんなことを言うとセラピストやカウンセラーはよい顔をしないと思いますが、人間の心には自然の回復力があるので、本当はセラピーなどほとんどいらないのです。失恋をしたり、大切な人を亡くしたりすると、悲しみが募ります。けれども、そういう悲しみが、ずっと続くわけではありません。そのうちに、人間は立ち直るのです。もともとそういう強靭さを人間は持っているのです。

ボナノは、**私たちが持つ自然の回復力を、私たちは過小評価しすぎている**とも述べています。**どんなに辛い出来事があったとしても、人間は自分で立ち直れる力を備えている**のです。

「もう嫌だ。私の人生は終わりだ」

一時的にはそういう悲しみが募って、うつ的な気分になってしまうかもしれません。ですが、しばらくすると、「このままではダメだ」とあるとき自分で悟り、悲しみから自分で脱却できる力を私たちは持っています。これは、だれでも持っている自然の回復力です。

セラピストやカウンセラーのところで、辛い思いを話していると、そのたびに辛さや悲しみを思い出すことになり、いつまでも忘却することができなくなってしまう、ということもあるでしょう。そのたび、悲しい気持ちを強化してしまうので、回復が遅れてしまうのです。

多くの人にとっては、辛いことや、悲しいことも、そんなに長くは続きません。せいぜい一週間か、一か月、長い人でも三か月か、半年も経てば、以前の状態に戻ることができるはずです。それまで少しだけ自分で耐えてみてください。

もちろん、どうしても自分では癒せない、時間が経っても回復しない、と思うのであれば、そのときはセラピーやカウンセリングを受けてください。

ただ、たいていの人はそこまでの必要性はないとボナノは述べています。

手紙だと、自分の良さがうまく伝わらない

私たちの情熱というものは、文章ではなかなか伝えることができません。相当な文才があるのならわかりませんが、情熱ややる気といったものは、表情や声のほうが、はるかに相手に伝わりやすいのです。

米国シカゴ大学のジュリアナ・シュローダーは、MBAコースに通う学生（平均28・2歳）に、自分の就職したい企業の面接を受けているつもりで、2分間の自己アピールをしてもらうという実験をしてみました。それを映像に撮らせてもらって、映像をそのまま、あるいはその内容を文章にしたものを作り、50人以上の判定者に見せて、「あなたならこの人を雇いますか？」と評価してもらったのです。すると、次のページ図③の結果のようになりました。**表情や声があったほうが、自己アピールがうまくいく**ことがわかります。手紙のようなものでは、どうしてもうまく相手に伝わりません。

もし読者のみなさんが、どうしても就職したい企業があるとして、その企業の社長に手紙なりメールなりを送っても、おそらくは何の返事ももらえないでしょう。いくら情熱があっても、

■図③　映像と文章での評価の違い

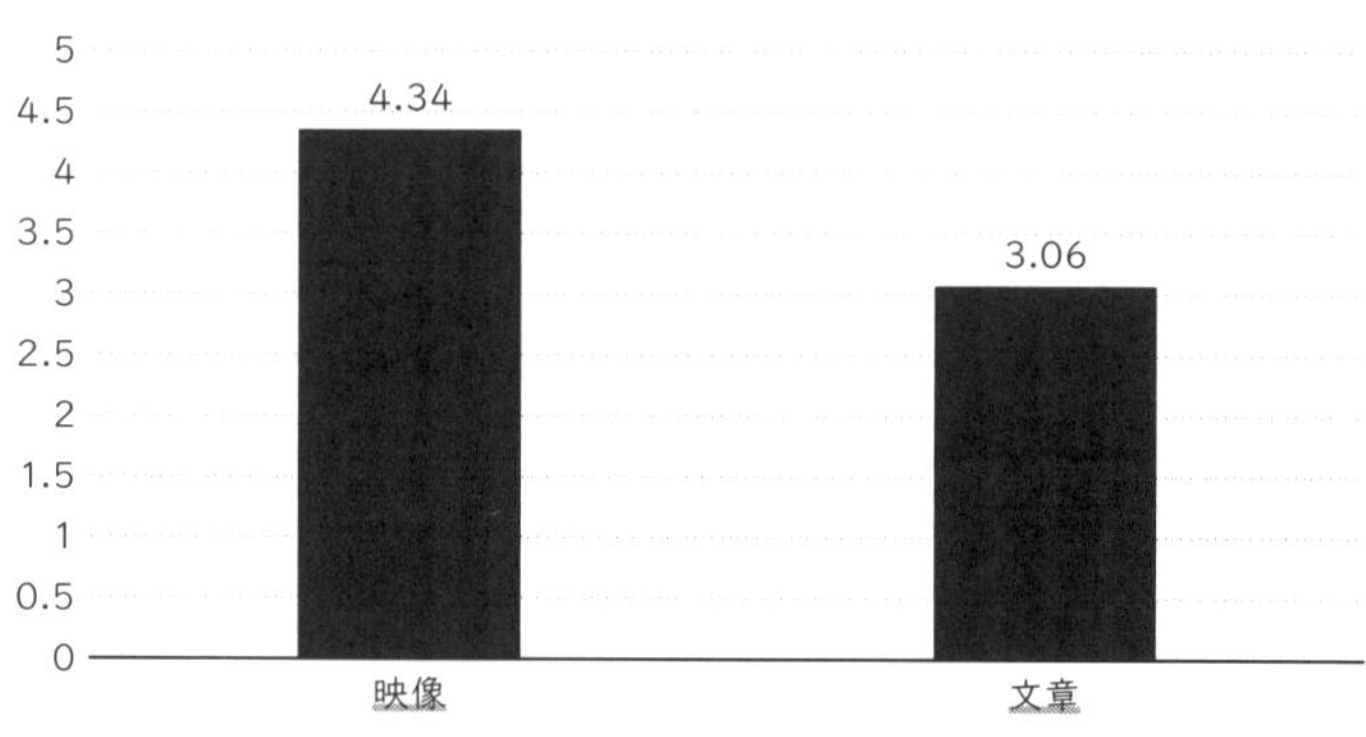

＊数値は、5点満点。

（出典：Schroeder, J. & Epley, N., 2015より）

文章でそれを伝えるのは難しいのです。もし私なら、その社長の自宅に押しかけ、土下座でも何でもして、「5分だけ時間をください！」とお願いすると思います。やはり自分の顔をしっかりと相手に見せて、自分の声でアピールしないと、自分の良さは相手には伝わらないのではないでしょうか。

世界的な新型コロナウィルスのパンデミックの影響で、テレワーク化が一気に進み、メールですませることが多くなりました。自分の姿が相手に見えるリモートで会話をするならまだしも、メールだけでのやりとりでは、本当に自分が伝えたいことは、相手には伝わりにくいということを覚悟しておかなければなりません。

「心」というものは、手紙やメールでは伝えるのがとても困難だといえるでしょう。

勤め先の上手な選び方

これから就職活動をしようとしている学生、あるいは転職を考えている人がいるとしたら、「とにかく職場の人間関係で選ぶ」ということを心がけてください。

給料が高い、低いだの、福利厚生が充実している、していないだの、といったものは、ささいな問題にすぎません。そういうことで勤め先を選ぶと、とんでもない目に遭ってしまいます。

では、職務満足感というものは、どうやって決まるのでしょうか。仕事にやりがいがあるとか、給料が高いということではありません。実は、職場の人間関係で決まるのです。どんなに高い給料をもらっていたとしても、職場の人間関係がギスギスしていたら、毎日が針の筵(むしろ)に座らせられているようなものです。「おはようございます」と挨拶しても、だれも挨拶を返してくれなくて、話しかけても冷たい視線を向けられるような職場で働いていたら、たとえ給料がよくても、精神的にまいってしまうと思いませんか。

米国ノースカロライナ大学のスティーブン・ローゲルバーグは、営利、非営利を含むさまざまな組織での職務満足感を調べているのですが、上司との関係が良好とか、同僚がやさしいとか、かわいい後輩がいるといったことで、満足度が決まることを明らかにしています。

結局、**人間関係さえうまくいっていれば、私たちは仕事も満足できる**のです。気持ちのよい人たちに囲まれて仕事ができるのなら、たとえどんなに退屈な仕事でも、面白くできるものなのです。あるポテトチップス工場で働く女性作業員は、流れ作業の製造ラインで働いているのですが、毎日、楽しみながら仕事をしているそうです。流れ作業ですから、お世辞にも面白い仕事ではなさそうに思えますが、どうして楽しいのかおわかりになりますか。

実は、この工場で働く女性作業員たちは、有名人の顔に似たチップスを見つけることに楽しみを見出していて、「ねえねえ、これって、○○に似てない?」とワイワイおしゃべりしながら仕事をしているのです。だから退屈な仕事も楽しめるのです。

このエピソードは、カナダにあるカルガリー大学ビジネススクールのピアーズ・スティールが、その著書『ヒトはなぜ先延ばしをしてしまうのか』の中で紹介しているものですが、心理学的にもまさにそうだろうと思えるものです。

会社のブランドイメージがよいとか、知名度があるとか、そういうことで勤め先を選ぶと、ものすごく後悔することになりますし、人間関係での相性というか、肌が合わなかったりすると、すぐに辞めることになります。

勤め先を選ぶときには、とにかく最初から人間関係を最重要課題として、自分とうまくやっていけそうな人たちばかりなのかを確認しておくことが大切でしょう。

仕事の「ガン」になる元凶を探る

どんな業界でも、どんな業種の会社であっても、会社であるかぎり、避けられないものがあります。それは、会議です。会議のない会社は存在しません。なぜなら、一人以上の人が集まれば、どうしても意見のすり合わせや集約が絶対的に必要になるからです。**集団で機能することが求められる会社組織においては、どうしても会議が避けられない**のです。しかも悪いことに、**この会議というものは、メンバーの大半には嫌われている**のが実情です。

米国ハーバード・ビジネス・スクールのレスリー・パーロウは、さまざまな企業のシニア・マネジャー182人を対象に調査を行って、次のような結論を導いています。

- 65%は、会議のせいで自分の仕事が終わらないとこぼしている
- 71%は、会議は非生産的で、非効率だと不満を述べている
- 64%は、会議のせいで本来考えなければならないことを考えられないと答えている
- 62%は、会議のせいで他の人と親密になるための時間が奪われていると答えている

どうにも会議の評判は悪いです。どの調査対象者も、会議と聞くと口をそろえて口汚く罵っています。会議はやらずにすませられるのなら、そのほうがよいのかもしれません。何しろ、だれも会議を望んでいません。「私は、会議に参加するのが大好き！」という人も、広い世の中を探せばいるのかもしれませんが、おそらくは例外的な人でしょう。

では、その評判の悪い会議をどうすればよいのかというと、あらかじめ参加者全員に議題や課題を渡しておき、それぞれに意見を持ち寄ってもらうのです。その場で、うんうん唸りながら考えてもらうのではなく、**あらかじめ意見を持ってきてもらって、会議では決を採るだけ、という形にしておけば、時間は短くてすみます。**

嫌な時間は、できるだけ早くすませたほうがよいに決まっていますから、会議の時間を1時間も2時間もとるのではなく、15分とか、30分と決めてしまうのもよいアイデアです。30分が経過したら強制的に会議を打ち切る、というルールにしておけば、参加者たちもまだ救われるのではないでしょうか。終わりの見えない会議を延々と続けられると、人はうんざりしてしまいます。これでは他の仕事にも悪い影響をもたらすに決まっています。そうならないための工夫を考える必要があります。

お客さんの注文は、そのまま復唱するのが正解

みなさんが飲食店のオーナーであるなら、店員には、お客さんの注文はそのままくり返しなさい、と指導しましょう。お客さんの言葉を言い換えてはいけません。同じ言葉をくり返させましょう。**私たちは、自分と違う言葉を使う人に対しては嫌悪感や違和感を覚えやすい**のです。

たとえば、次はダメな例です。

「すみません、おヒヤのおかわりもらえますか？」
「はい、お水ですね。すぐにお持ちします」

「この商品、お持ち帰りでお願いします」
「はい、テイクアウトおひとつですね」

お客さんが「おヒヤ」と言っているのですから、そのまま「おヒヤ」とくり返せばよく、わざわざ言い換える必要はありません。「お持ち帰り」と言っているものを、「テイクアウト」と

言い換えるのも大きな間違いです。なぜなら、お客さんをムッとさせてしまうからです。

この原理は、オランダにあるラドバウド大学のリック・ファンバーレンによっても実験的に確認されています。ファンバーレンは、とあるレストランに実験協力をしてもらって、店員がお客さんの注文を復唱するときに、言い方を変えてみたのです。

オランダ語では、フライドポテトを「フリット」と呼ぶのですが、お客さんから注文を受けたとき、ある条件では「はい、フリットですね」と復唱しました。

ところが、別のお客さんに対しては、「フリット」と注文を受けたとき、まったく同じ意味で別の言い方である「パタット」というオランダ語を使って、「はい、パタットでございますね」と復唱させてみたのです。するとどうでしょう、お客さんと同じ言葉を使ったときのほうが、お客さんからもらえるチップが１４０％も増えたのです。これは、レストランでの注文に限らず、基本的には、**相手が使っている言葉をそのままこちらも使うようにするのが、優れた心理作戦です。**

たとえば、打ち合わせをするとき、相手によっては、「プレゼンテーション」のことを「プレゼン」と呼ぶかもしれません。そんなときには、相手が使っている言葉を、こちらも使うようにするのがベターです。業界や、業種によって、同じ表現でも微妙に違ったりするので、そんな場合には、とにかく相手に合わせるのがよい、ということを思い出してください。

自分のための選択は少ないほうがよい

私たちは、たくさんの選択肢があると、どれにするか迷ってしまい、なかなか選ぶことができなくなってしまいます。これを「選択の過負荷効果」といいます。たとえば、洗濯機が壊れてしまい、新しい洗濯機を買おうと思って家電販売店に出かけても、品数のあまりの多さに迷ってしまって、結局は、買わずに帰って来てしまうという経験はありませんか。

あまりに選択肢が多いと、私たちはとても困ってしまうのです。

とはいえ、それは自分に対しての選択であって、他人に何かをしてあげるようなときには、選択がたくさんあったほうが満足度は高くなる、ということもわかっています。

米国ニューヨーク大学のエヴァン・ポルマンは、自分の寝室（または他人の寝室）を模様替えするために好きな色を選んでもらう、という実験をしてみました。ただし、選べる色は、あるグループでは8色から、別のグループでは35色からでした。さて、模様替えの決定ができたところで、ポルマンは、「あなたは、出来栄えにどれくらい満足しましたか？」と尋ねてみたのです。すると、自分の部屋の模様替えをするときには、8色から選ばせたときのほうが出来栄えの満足度は高くなりました。ところが、他人のためにする模様替えのときには35色から選ばせたときのほうが満足度は高くなったのです。

自分についてはそんなにたくさんの選択肢はいらないのですが、他人のためには、たくさんの選択肢から選びたい、ということがわかったといえるでしょう。

たとえば、旅行に出かけたとき、友だちに買っていくお土産です。もし、お土産の選択肢が、２つ、３つしかなかったら、何となく残念な気持ちになります。そういうお店ではなく、もっと品ぞろえの多いお土産屋さんで選ぼうかな、と思うはずです。自分に対してのお土産なら、選択肢など少なくてもかまわないのですが、他ならぬ友人や家族に買っていくお土産は、ある程度バラエティが豊かな選択肢から決めてあげたいと思うのが人情でしょう。

私たちは、自分に対しての選択肢は少なくても気にしません。仮に選択肢が１つでも大丈夫です。ところが、親が子どもの誕生日に何かを買ってあげるときとか、自分の恋人の誕生日に何かをしてあげたいときには、たくさんの選択肢の中から、「これ！」というものを選びたいと思ってしまうのです。

自分のことではどうでもよいのに、他人のこととなると本気で選びたくなるということは、それだけ私たちが、他人のことを思いやっているということですから、これは大変に望ましい傾向だといえます。

スーパーヒーローのことを考えるとメリットがある

米国ペンシルバニア大学のレイチェル・ホワイトは、「バットマン効果」という用語を作りました。アメリカのＤＣコミックスが出版する漫画『バットマン』から生まれた造語です。バットマンについては、映画にもなりましたし、知っている人も多いのではないでしょうか。

スーパーヒーローについてあれこれ考えていると、まるで自分もそのスーパーヒーローになったかのように感じて、嫌なことでも我慢強く取り組むことができるようになります。ホワイトは、**これをバットマン効果と名づけた**のでした。

「スーパーヒーロー効果」と名づけたほうがよさそうな気もするのですが、ホワイトはよほどバットマンが好きだったのかもしれません。

ホワイトは、４歳から６歳児１８０人に、ものすごく退屈な作業をやらせ、「いつでも好きなときに放り出していいよ」と伝えました。時間は最大10分間です。たいていの子どもは、３分くらいしかやりませんでした。ところが、事前にバットマンについて考えさせられた子どもたちは、その退屈な作業を５分間も取り組んだのです。「バットマンなら、もっと頑張るはずだ」と自分に言い聞かせたのか、我慢強くなれたのです。

たいていの親は、おそらく自分の子どもが漫画を読んでいたら、あまりよい顔はしないはずです。遊んでいると思ってしまうのでしょう。

ところが、漫画の中には、努力、根性、勇気といったものをテーマにしたものもあります。特に、**ヒーローもの、と呼ばれるジャンルの漫画などは、子どもにバットマン効果を引き起こす上で非常に有用だとも考えられます。**

たとえば、集英社から発売されている週刊『少年ジャンプ』に掲載されている『僕のヒーローアカデミア』（映画にもなりました）などは、まさしくタイトル通りのヒーローものですので、こういう漫画を読んで影響を受けた子どもたちは、スポーツでも、勉強でも、粘り強く取り組むことができるようになるのではないかと予想できます。

子どもが漫画を読んでいるからといって、すぐに目くじらを立てて叱ったりする必要はありません。漫画でも、映画でも、ＤＶＤでも、バットマン効果のように、好ましい影響をもたらしてくれる素材も少なくないのです。

あらゆる漫画やテレビドラマや映画が有用だとはいいませんが、すべてを十把（じっぱ）ひとからげに悪いものと決めつけることもよくありません。子どもの成長に役に立つ漫画もあるのですから、ある程度は大目に見てあげることも必要でしょう。

小さな頃は、いろんなスポーツをしたほうがよい

プロのピアニストになるような人は、3歳くらいから、ずっとピアノ漬けの生活を送るものです。それくらいやらないと、プロにはなれないと言われています。しかし、少なくともスポーツの世界は違うようです。スポーツの世界では、小さな頃には、「これ」とひとつのスポーツに絞るのではなく、むしろ色々なスポーツに手を出すのがよいかもしれません。サッカーばかりやっていれば、プロのサッカー選手になれるのかというと、どうもそうではないようなのです。

デンマークにあるコペンハーゲン大学のカリン・モーシュは、サッカー、アイスホッケー、ハンドボール、バレーボールなどのアスリートのうち、世界選手権やワールドカップ、あるいはオリンピックのメダリスト38人と、そこには達しなかった準エリート38人の比較分析をしてみました。何となくメダルを受賞する人のほうが、小さな頃から、ずっとその道一筋でやってきたような感じがします。ところが、調べてみると、むしろ逆でした。

メダリストのグループのほうが、小さな頃は他のスポーツをやっている人が多かったのです。

12歳までの週当たりの練習時間を比べると、準エリートのほうがむしろたくさん練習しているほどでした。**メダリストの多くは、15歳になるまでは他のスポーツをやったりしていて、そこからひとつのスポーツに絞り込み、本気で練習を始めていた**のです。

この結果をもとに、モーシュは、**「12歳になるまでは、むしろひとつに絞らないほうがいいかもしれない」と結論しています。**

だいたい、小さな頃にやるスポーツというものは、親にやらされたりすることが多いですし、そのスポーツが自分に向いているかどうかもわかりません。

しばらくいくつかのスポーツに手を出していれば、そのうち「私は、これが一番好き」ということに気づくことができます。本気で取り組むのは、それがわかってからのほうがよいでしょう。好きなスポーツなら、全力で練習できますし、好きなだけに練習が苦になりません。

何となく、スポーツ選手というと、小さな頃からあるひとつのスポーツ一筋にやってきたように思われがちですが、どうもそうではないようです。

あせってひとつのことに絞り込むよりは、**小さな頃には、何にでも手を出して、自分が好きになれそうかどうか、自分に向いていそうかどうかをじっくり判断しても、決して遅くはありません。**十分に身体が成長してからでも、いくらでも練習次第では一流選手になることもできます。

運動習慣をつけたいなら、人を誘ってから

「ようし、来月からスポーツジムに通うぞ」

「最近、太り気味だし、ウォーキングでも始めてみようか」

　運動習慣をつけるのは、非常によいことです。もしそういう気持ちになったのなら、ぜひ運動を始めてください。週に1回でも、2回でも、やらないよりははるかにマシですから、少しずつでも始めてみることです。とはいえ、自分一人で始めても、三日坊主でオシマイ、ということになりかねません。この可能性は非常に濃厚です。

　したがって、一番よい方法は、何かを始めるときには、他の人も誘ってみることです。「ねえ、一緒にやらない？」と声をかけて、一緒に始めるのです。他の人も一緒にやってくれれば、自分だけ「もう、や〜めた」と投げ出すわけにはいきません。そういうわけで、気づいたときには、運動習慣がしっかり身についていたりするのです。


　英国リーズ大学のアンドリュー・プレストウィッチは、地域サービスを担当する公務員257人に、健康増進のプログラムに参加してもらいました。

ただし、このプログラムに参加するにあたって、半分のグループには一緒にやってくれる人をまず見つけてもらいました。夫でも、妻でも、友人でも、近所の人でもかまいません。残りの半分のグループには、そういうことは求めず、個人で参加してもらいました。

それから、**1か月後、3か月後の運動習慣の形成を調べてみると、だれか他の人と一緒に始めたグループだけ、きちんと運動していることがわかりました。**

一人で運動しようとしていても、そのうち少しずつサボり出し、1か月も経つ頃には、もうまったく運動をしなくなるのです。ところが、だれか他の人を誘って、その人に励ましてもらっていると、けっこう私たちは我慢できるのです。「もうちょっとだけ頑張ってみようよ」と励まされたりしていると、「う〜ん、本当はもうやめたいんだけど、あと少しだけ頑張ってみようかな」と思うようになるのです。

いきなり一人で運動を始めてみても、なかなか長続きはしません。ですので、まずは一緒にやる人を見つけましょう。運動習慣は、だれにとっても好ましいものですから、誘われたほうもわりと乗り気になってくれるはずです。

運動習慣だけでなく、ダイエットでも同じことができそうです。自分だけで始めるのではなく、他の人を誘って、お互いに励まし合いながらダイエットすれば、意外に長続きするのではないかと思われます。

「なるほど、よくわかる！」と感じたときには要注意

講義をするのが非常に上手な先生がいます。よどみなく説明し、理解が難しい概念は、うまく図解してくれるので、学生にとっても非常にわかりやすいのです。身振りや手振りを交えて話すので、講義に飽きてしまうこともありません。

「おお、いい先生ではないか！」と読者のみなさんも思うはずです。

しかし、そういう先生の授業を受けているときは実は注意が必要です。というのも、**先生の講義がうますぎると、学生は「わかったつもり」になりやすいという罠に陥ってしまう可能性がある**からです。

米国アイオワ州立大学のシャーナ・カーペンターは、科学についての講義ビデオを2パターン作成してみました。ひとつの講義では、講師がまっすぐ立って、正面のカメラを見つめ、メモも見ないで流暢に講義をしました。もうひとつのビデオでは、講師は同一人物でしたが、背中を丸めて、ずっと下を向きながら、メモを読み上げるようにたどたどしく講義をしていました。下手くそな演技をしていたのです。

さて、その2つの講義ビデオを学生に見せて評価を求めると、講義のうまい先生のときには「テストではいい点数がとれるだろう」と予測しました。けれども、実際に確認テストをしてみると、どちらのグループにも差がありませんでした。

結局、説明の上手な先生の講義を受けたからといって、実際のテストの成績がアップするのかというと、そういうことにはなりませんでした。あくまでも、学生の「わかったつもり」という気持ちが高まるだけなのです。

読者のみなさんは、**「ファインマン効果」**という言葉をご存知でしょうか。

リチャード・ファインマンという物理学者がいて、ファインマン先生はコーネル大学とカリフォルニア工科大学で教鞭をとっていたのですが、非常にわかりやすい講義をすることで有名で、学生たちにも絶大な人気がありました。ところが、いざテストをしてみると、学生の成績はさっぱりでした。そこで、**「わかったつもりにはなるけれども、実は何もわかっていない」という現象をファインマン効果と呼ぶ**ようになったのです。講義の上手な先生が教えてくれるときには、このファインマン効果が起きないように注意する必要があります。

巧みな話術に魅了され、「わかったつもり」になっても、実際には何も理解しておらず、試験ができないということになりかねません。逆に、たどたどしい説明の先生の講義では、自分なりに補足を行ったり、理解を加えたりしなければならないので、それがかえって自分の理解に役立つ、ということもあるのです。

フェイスブックで読心術が可能

フェイスブックに載せられたプロフィール情報だけでも、その人がどんなの人なのかは、かなりの程度まで知ることができます。つまり、**フェイスブックは相手を読心術で見抜くための優れたツールだといえる**のです。

英国ケンブリッジ大学のマイケル・コシンスキは、5万人を超えるフェイスブックのユーザーを対象に、プロフィール情報だけを使って、どれくらいのことが読み取れるのかを確認する実験をしました。ユーザー本人に心理テストを受けてもらう一方、公開されているプロフィール情報を他の人に見せて判断してもらうことで、正しく性格を見抜けるかを検証してみたわけです。その結果、性格については、その人の「知性」、あるいは「計画性」（物事をきちんと計画通りに進めるタイプかどうか）、あるいは「外向性」（明るく、社交的かどうか）などがかなりの精度で見抜けることがわかりました。その人に**実際に会ったことがない人でも、その人のフェイスブックのプロフィール情報を見れば、どんな人なのかを見抜くことができる**のです。

また、コシンスキは、フェイスブックだけで、アフリカ系アメリカ人なのか、コーカサス系アメリカ人なのかを95％の正しさで見抜くことができ、性別は93％の正しさで見抜くことができ、政治的な信念（民主党支持者か共和党支持者か）は85％、喫煙者かどうかは73％、21歳まで両親と一緒に暮らしていたかどうかは60％の正しさで見抜けることも併せて突き止めています。

相手がどんな人なのかを知りたければ、昔は探偵などを雇う必要がありました。素行調査をしてもらわないと、どんな人なのかを知ることはできなかったのです。あるいは、その人のことをよく知る友人などを探し出して、話を聞いたりしなければなりませんでした。

ところが時代は大きく変わりました。今は、探偵を使わなくても、相手がフェイスブックなどのSNSをやっていれば、そこでの情報を見るだけで、だいたいどんな人なのか、どんな行動をとりがちなのか、どんな生活を送っているのかを、かなり知ることができるのです。

ツイッターでのつぶやきを調べれば、その人が不満や愚痴ばかりを述べるタイプなのか、それとも楽観的な人なのかもわかりますし、どんな趣味を持っているのかなども簡単にわかってしまいます。取引先の人がどんな人なのか、あるいは常連のお客さんがどんな人なのかも、SNSを使えば簡単に知ることができ、それを仕事に役立てたりもできますので、そういう意味ではとても便利なツールだといえます。

若いうちに起業家になるのは、危険

「若者ほど、新しいビジネスを立ち上げるべきだ!」
「若いうちに起業家になったほうが、成功する!」

ビジネス誌や、ビジネスコラムなどを読んでいると、たまにそういう文章に出会うことがあります。だいたいそういう文章を書く人が例に挙げるのが、マイクロソフトのビル・ゲイツや、フェイスブックのマーク・ザッカーバーグなどです。若くして成功した起業家がいるのだから、みんなも頑張れ、ということです。

何となく若者のほうが、体力もありますし、バイタリティもありますから、新しいビジネスを立ち上げるのに向いているような感じもします。ですが、これは本当なのでしょうか。たしかにビル・ゲイツのように成功者がいないわけではないものの、自分がそれを真似してやっても、うまくいくものなのでしょうか。

残念ながら、現実には、若いうちに新しいビジネスをやろうとしても、たいていはうまくいきません。つまりは、「若者ほど、起業家になれ!」というアドバイスは、まったく無茶苦茶で、現実に反していることを勧めていることになります。

米国マサチューセッツ工科大学のピエール・アズーレイは、米国の国勢調査10年分の統計を分析し、起業家として成功しているのは「中年」であって、「若者」ではない、という結論を導いています。アズーレイによると、**新規のベンチャーで、もっとも早い成長を示す起業家の創業時の年齢は「45歳」**でした。

20代の若者は、情熱やバイタリティはあるのかもしれませんが、やはり経験不足は否(いな)めません。新しいアイデアを思いつくことがあるかもしれませんが、それを現実に形にしていくためには、ある程度の人脈がなければなりませんし、客観的な見通しを立てるだけの判断力も求められます。若いうちには、やりたいことがあっても少しだけ我慢し、業界の動向や、お客さんのニーズなどをしっかり分析し、自分のビジネスモデルが本当にうまくいくのかをじっくり考えましょう。勝負をかけるのは40代になってからでも、少しも遅くありません。

たしかに、**20代の創業者で成功した人はいくらでもいます。けれども、失敗した起業家は、それよりも圧倒的に数が多い**のです。アズーレイがやった研究のように、統計データを調べれば、それがはっきりとわかります。

若いうちに、あせって起業家になろうとする必要はありません。まずはじっくりと腰を落ち着けて、しばらく自分のビジネスモデルを見つめなおすくらいの時間をとってから始めたほうが、うまくいくというものです。

見知らぬ人と仲良くなるには立食がおススメ

見知らぬ異性が出会う機会が減っているため、役所を含めてさまざまな主催者が、「街コン」（合同お見合いのようなもの）を行っています。もし私が主催者の人から、心理学的にどうすればうまく男女をカップリングできますか、というアドバイスを求められたとしたら、おそらくは「椅子などは用意せず、立食形式にするといいですよ」と教えるでしょう。

椅子に座ると、たしかにラクではあるものの、それでは会話は盛り上がりにくくなるということがわかっています。参加者には少し大変ですが、立ったままおしゃべりさせたほうがうまくいきやすいと心理学的にはいえるのです。

米国ワシントン大学のアンドリュー・ナイトは、これを実験的に確認しています。

ナイトは、3人から5人の大学生にグループを54組作らせて、30分間、「大学の入学希望者を増やすためのアイデア」を話し合ってもらいました。その話し合いをビデオに録画させてもらい、後で分析してみたのです。なお、話し合いのシチュエーションは2パターン用意しておきました。ひとつは、テーブルがあって、その周りに椅子が5脚用意されている部屋です。

もうひとつの部屋は、テーブルはあるものの、椅子がないので、参加者はテーブルの周りで立ったまま話し合いをしなければなりませんでした。なお、部屋の大きさや、室温などはすべて同じです。さて、ビデオを分析してみると、明らかに**立ったままおしゃべりするときのほうが、話し合いが盛り上がることがわかりました。**ユニークなアイデアがポンポンと出されるのも、立ったままおしゃべりするときでした。**椅子に座っておしゃべりすると、落ち着きすぎてしまうというか、かしこまってしまうというか、どうにもうまく話せなくなってしまうところが人間にはある**みたいなのです。

就職面接も同じです。椅子に座って受け答えすると、どうにもうまく答えられないとみなさんは感じませんか。それは、椅子に座るという姿勢が悪いのです。

私は、大学の講義で学生にグループワークをさせるのですが、「はい、みんな立って！」と立ったまま話し合いをさせるようにしています。理由は、そのほうが盛り上がるからです。

街コンだけでなく、異業種交流会ですとか、各種パーティなども、立食のほうがよいかもしれません。**お互いに見知らぬ人同士であれば、立食がおススメ**です。

ともあれ、立ったままのほうが気楽におしゃべりできるわけですから、会社の部下や後輩と飲みに出かけるときにも、たまには立ち飲み屋さんのようなところもよいのではないでしょうか。そのほうが、より砕けた会話ができるかもしれません。

ノートに手書きすると理解度が高まる

最近の教育現場を見ると、たとえば、文部科学省は、子どもたちのデジタル能力を高めるために、タブレットやパソコンを使っての授業を積極的に進めていく方向で動いています。

大学の講義でも、ノートと鉛筆を使ってメモをとるのではなく、タブレットやパソコンでメモをとっている学生がちらほら出てきています。打ち合わせのときにも、パソコンを開いてカタカタと何か打ち込んでいる人が、以前に比べるとずいぶん増えたように思います。

さて、タブレットやパソコンは非常に有用で、この上なく便利な電子機器ではありますけれども、何かしら問題はなかったりするのでしょうか。実は、問題もあるのです。便利な反面、きちんと相手の話を聞きとったり、相手の話を自分なりにまとめたりすることができなくなるのです。ただ、先生の話していることを打ち込んで終わりにしてしまうので、本人も内容をよく理解していなかったりします。相手の話を打ち込むことにばかり意識が向いてしまうので、肝心の話の中身のほうには、注意が向きません。これでは、子どもたちの学習能力もずいぶん落ちてしまうのではないか、と心配になってしまいます。

米国ラトガース大学のアーノルド・グラスは、大学の2つの認知心理学の講義で、受講生にひとつの講義ではノートにメモをとってもらい、もうひとつの講義ではタブレットやパソコンで講義を受けてもらいました。なお、講義を行う先生はどちらも一緒です。

そして、最終試験の成績を調べてみると、ノートに自分の手で書かなければならない講義を受けた学生の平均点は85点以上だったのに、タブレットなどでメモをとった講義のほうでは平均点が80点でした。

つまり、**便利な電子機器などを使わず、昔ながらの紙に鉛筆でメモをとっていくやり方のほうが、本人の理解を促進することが明らかにされた**のです。

タブレットやパソコンでメモをとっていると、「何となく授業を受けたつもり」「話を聞いたつもり」になってしまうものですが、それはあくまで、そういう「つもり」になるだけであって、あまりきちんと理解してはいないのかもしれません。

電子機器を使うと、そちらに意識がいってしまって、「これって、○○と関係しているのかな?」と自分で疑問を考えたり、別の領域の知識と関連づけたりすることはしなくなります。

これでは、学習になりません。たしかに、子どものメディア・リテラシー能力を高めることは大切だとは思いますが、一人の子どもに一台ずつタブレットを配ったりするのは、いかがなものなのでしょうか。私のような古い人間にとっては、絶対に紙と鉛筆のほうが理解も進むように思われるのですが、そういう考え方はやはり古臭いのでしょうか。

ノートパソコンで講義を受けないほうがよい理由

大学では、ノートパソコンを持ち込んでメモをとる学生が増えつつありますが、これはあまりよいことではない、というよりも、むしろ禁止したほうがよいのではないか、と私は思っています。なぜなら、本人の理解も進みませんし（116ページ）、それよりも問題なのは、周囲の学生たちにまで迷惑をかけてしまうからです。これが禁止したほうがよい理由です。

カナダにあるマクマスター大学のファァリア・サナは、40人の大学生に気象学の講義を受けてもらって、その後テストをしました。ただし、20人はパソコンを持ち込んでメモをとってもらい、残りの20人には従来どおりのノートでメモをとってもらいました。

では、講義の内容についての理解度テストは、どのような結果になったのでしょうか。パソコンを使って講義を受けたグループは55％の正答率で、ノートで講義を受けたグループは66％の正答率でした。やはり、パソコンと比べると**ノートのほうが理解度アップに軍配が上がる**ことが、ここでも確認されたといえるでしょう。

サナの実験で明らかにされたのは、これだけにとどまりません。

詳しく調べてみると、**パソコンで講義を受けることは、さらに周囲の学生の成績をも引き下げる影響を与えることがわかった**のです。ノートでメモをとるときには、他の人にはたいして邪魔にならないのですが、パソコンでメモをとろうとすると、「カタカタカタカタカタ……」というキーボードをタイピングする音がしてしまい、これが周囲の人にとってはかなりの耳障りになります。当然、悪影響を与えてしまうというわけです。

私も、編集者と打ち合わせをするとき、パソコンで記録を残そうとする人があまり好きではありません。私の顔を見てくれず、ずっと画面ばかりを見て、しかもカタカタと耳障りな音を立てるので、話しにくくてしかたないのです。きっと読者のみなさんも同意してくれるだろうと思うのですが。

「あとで打ち合わせの記録をまとめるのに便利」だということは、私も理解できます。けれども、本人はそれでよくても、周囲の人にまで迷惑をかけるのだとしたら、これは見過ごせない問題だと思います。周囲に迷惑をかける権利まではありません。

スマホや携帯については、公共の場（電車内やバス内）での使用を控えるのがエチケットです。同じように、大学の講義でも、タブレットやパソコンは、周囲の人の迷惑にならないよう、使用を控えるのがエチケットだと思います。そうなってほしいと切に願っている先生は多いと思うのですが、どうでしょう。

第3章

ものの見方が変わる心理学研究

女性アスリートが男性アスリートより速く走るとき

ごく一般的な話をすると、男性アスリートは、女性アスリートよりも速く走ります。

2021年に開催された東京オリンピックの100メートル走の決勝では、男子はイタリアのL・ヤコブス選手のタイムが9・80秒でした。女性はというと、ジャマイカのE・トンプソン＝ヘラ選手で、そのタイムは10・61秒でした。

このように現時点では、男性のほうが、女性よりも速く走ることが常識とされています。

読者のみなさんも、「そんなの当たり前のことでしょ」と思うかもしれません。

ところが、**1900年以降のオリンピックで見ると、100メートル走の男女のタイムは、じわじわと差が縮まってきている**ことをご存知でしょうか。

英国オックスフォード大学のアンドリュー・タテムは、1900年のオリンピックから2008年までの男女100メートル決勝のタイムを図表にし、この傾向が続くと仮定した場合の結果を、『ネイチャー』という科学雑誌に発表しています。

その結果、**今のペースで男女アスリートの差が縮まっていくと仮定すれば、2156年のオ**

リンピックにおいて、歴史上初めて、女性アスリートが男性アスリートよりも速く走ると予想されるというのです。ちなみに、そのときのタイムは、男性が8・098秒で、女性が8・079秒になるのだそうです。

もちろん、これはあくまでの仮定なのですが、非常に面白い予想だと思いませんか。男女とも8秒を切りそうな勢いのタイムになっていることにも驚かされてしまいますが。

ともあれ、どんな種目もそうですが、新しい練習法が生み出されたりして、世界新記録が更新されていることから考えると、今から何十年後かには、驚くような記録が生まれているかもしれません。

どの競技も、今のところ、男性アスリートのほうが、女性アスリートよりも記録が高く、それゆえ男女別に行われています。男性のほうが体格もよくて、筋肉質であることから考えると、そういう違いを設けるのも当然でしょう。

けれども、そのうちに男女の記録がどんどん縮まってきたら、どうなるのでしょうか。

ひょっとすると、男女別に行われていた競技が、一緒に行われるような日がきたりするのかもしれません。今のところ、まだ夢物語のような感じがしますが、実際の傾向として、男女のアスリートの差は着実に縮まってきていることは事実なのです。

女性はどんなケンカをするのか

男性がケンカをするときには、たいてい殴り合いになるものですが、では女性はどのようにケンカをするのでしょうか。

米国ニューメキシコ大学のビクトリア・バーバンクは、１３７の社会における女性のケンカについて調べてみました。さまざまに社会的・文化的背景が違っても、女性ならではのケンカに共通する特徴があるのではないか、とバーバンクは考えたのでした。

その結果、どの社会でも、**女性同士のケンカでは、物理的な殴り合いがほとんどなく、言葉での応酬になる**ことがわかりました。女性は、お互いに口汚くののしり合う、というケンカのスタイルをとっていたのです。また、男性のケンカと異なり、殺人を含むような事件に発展することもめったにないことがわかりました。**女性のケンカは、〝舌戦(ぜっせん)〟が基本ですから、生命にかかわるような事件にはなりにくい**のでしょう。

ちなみに、女性は、あまり男性にはケンカを吹っかけません。調査対象になった１３７の社会のうち、１２４の社会では、女性がケンカをする相手は、91％が女性でした。男性に対してケンカを吹っかけることはせず、するとしたら夫が対象だったのです。おそらくは、男性にケンカを吹っかけると、殴られたり、蹴られたりと反撃されるリスクが高いので、仮に腹がたっても女性は我慢してしまうからでしょう。ちなみに、女性が言葉を用いてケンカをすることは、きわめて幼い段階から起きることが他の研究によっても明らかにされています。

小さな男の子はというと、ケンカをするときに相手を殴ろうとすることが大半です。女の子はそういうことをしません。女の子は、気に入らないことがあると、言葉で相手をやっつけようとするのです。2歳とか、3歳くらいの女の子も、大人顔負けの言葉を使います。

男の子は、女の子に比べると、言葉を覚えるのも遅く、自己主張も女の子のようにうまくはできません。そのため、気に入らないことがあると、もう物理的な方法に頼るしかないのです。

この傾向は、成長してからも保持されるらしく、そのため男性は、気に入らないことがあると、子どものときにやっていたのと同じ方法をとり、殴ることも多いのです。

ケンカはしないほうがよいに決まっていますが、仮にケンカをすることになったとしても、男性に比べると、女性のケンカはもっとスマートです。血が流れるような暴力的行為にまで発展することはめったにありません。動物の世界でもそうですが、オス同士のケンカは、エスカレートしがちです。ある程度のところでうまく矛（ほこ）を収めることをしないと、本当に危なっかしいことになりますので注意が必要でしょう。

なぜ、女性は人付き合いがうまいのか

男性と女性を比較すると、人間関係を重視するのは女性のほうです。

この男女の違いは、小さな頃から見られます。

男の子はというと、一人で遊ぶことに何の抵抗もありません。むしろ、他の子と一緒にいると、ケンカになったりします。ところが、女の子はというと、何人かのグループで遊んだりするのが普通です。もう少し大きくなると、女の子は何でも連れ立って行動します。ランチを食べるのも、トイレに行くのさえ、連れ立っていくほどです。

もともと女の子のほうが、人に対する興味関心が強いことを示すデータがあります。

英国ケンブリッジ大学のスヴェトラナ・ルーチマーヤは、1歳の男の子と女の子に、動く自動車か、動く顔のビデオを2分間見せてみました。

そして、顔を見つめる時間を、自動車を見つめる時間で割って比率を出してみると、女の子は1・86になったのに対して、男の子はというと0・89になったそうです。女の子は、1歳の時点ですでに、人の顔のほうに強い興味を示し、長く見つめることがわかったのです。

女性は、男性に比べると、人間関係に対する興味が高いので、自然と、人付き合いの技術や、社交術を磨くことになります。女性のほうが、人間関係においてソツのない対応をとるのが上手なのも、やはり小さな頃から、人間関係に興味を持っているからでしょう。

男性はというと、あまり自分以外の人に興味がないというか、どうでもよいと思っているのか、なかなか人付き合いもしません。結果として、人付き合いの技術を磨くこともできず、女性に比べるとはるかに下手くそな傾向があります。

相手の心を敏感に察知する能力も、女性のほうが高いです。

米国ウィスコンシン大学のロナルド・サバッテリは、48組の新婚夫婦に、お互いのパートナーが考えていることを当てさせるという実験をしたことがあるのですが、妻は夫の考えていることを50・9%の正しさで当てることができたのに、夫はというと、妻の考えていることを43・4%しか当てられないことが判明しました。どうも男性は、女性のようにはうまく読心術ができないようなのです。

もちろん、男性だって、女性のように人間関係に興味を持って、自分から積極的に話しかけたり、相手に関心を示したりすれば、自然と人間関係の量も増えるでしょうし、そうすれば人付き合いの練習量も増えて、人付き合いはうまくなっていくはずです。

もし、自分は人付き合いがヘタだという自覚があるのであれば、もう少し人に対して興味関心を持つようにするとよいかもしれません。

男性は大学入試でえこひいきされやすい

2018年、**多くの大学の医学部の入試において、男子学生がえこひいきされ、女子学生が不合格になりやすいという不正が次々と明らかにされる**という事件がありました。

文部科学省が調査したところ、きっかけになった東京医科歯科大学をはじめ、昭和大学、神戸大学、岩手医科大学、福岡大学、順天堂大学、北里大学、日本大学などで、女性差別やその他の理由から、不適切な得点調整が行われているという事実が明るみに出されたのです。

ただし、こういう男女差別は日本だけに見られるわけでもありません。**男女の平等意識がかなり高いと思われるアメリカにおいてさえ、日本と同じような男女差別がいくらでも確認できる**からです。

米国ニューヨーク州にあるスキッドモア・カレッジのサンディ・バウムは、13のリベラル・アーツ（日本の一般教養にあたります）大学の入学希望の学生の合格率を調べてみたのですが、大学によってわずかに差があるものの、6・5%から9・0%ほど男性のほうが合格しやすい、ということがわかりました。明らかに、男子学生は、えこひいきされていたのです。

バウムは、もともとが女子大だったのに共学へと切り替わった大学でも、同じように男子学生がえこひいきされるという事実も突き止めました。

日本の場合、医学部の入試においての不正が明るみに出たわけですけれども、おそらくは医学部に限った話ではないように思えます。他の学部においても、同じような女性差別、男性優遇の措置、入試の不正は、こっそりと行われているのではないでしょうか。

試験というものは、厳正に行われるべきであって、性別による差別などは絶対にあってはいけないことです。男性にだけ得点を水増しするような不正は、厳しく監視しなければなりません。２０１８年の医学部の不正が大々的に報じられたことにより、問題が発覚したわけですが、何十年もそういうことがごく普通に行われていることに驚かされてしまいます。

差別に関しては、他の人から指摘されないと、本人にはなかなか気づきにくいという、厄介な問題を含んでいます。

自分では差別をしているつもりはないというケースがほとんどなので、他の人に言われるまで、「なるほど、自分はおかしなことをしていたのだな」ということがわからないのです。

社会的に弱い立場にいる人たち、子ども、女性、外国人、お年寄り、障害者などに対しては、できるだけ差別意識を持たずに接してあげたいものですが、自分でも気づかないうちに差別をしていることもありますので、なかなか難しい問題をはらんでいます。

性別が違うだけで、人の評価は劇的に変わる

ビジネスの世界においても、男性ばかりがえこひいきされて、女性が差別的な扱いを受けることが少なくありません。 性別だけで人を差別してはいけないことはいうまでもありませんし、法律違反でもあります。それでも、色々な形での差別は存在するようです。

米国シカゴ大学のクリステン・シルトは、43人のトランスジェンダーの仕事の評価について調べてみたことがあります。トランスジェンダーとは、身体的には男性（あるいは女性）でも、心は女性（あるいは男性）だと感じている人たちが、自分の心と一致するように出生証明の性別を変えた人たちのことを指します。つまり、それまでずっと男性だったけれど女性に変わった人たち、あるいはずっと女性だったけれど男性に変わった人たちが、性別を変えることによってその仕事の評価がどのように変わったのかをシルトは研究したのです。

その結果、男性から女性へと性転換した場合には、給料は平均して12％減少しました。性別が変わったからといって、本人の実力や資質はまったく変わっていません。ただ性別が変わっただけです。にもかかわらず、男性から女性へと性転換すると、周囲の人たちはいきなり態度

を変えて、その人を悪く評価するようになったのでした。

委員会やプロジェクトのメンバーから外されたり、会議に呼ばれなくなったりと、嫌がらせも受けるようになりました。逆に、女性から男性へと性転換した場合には、平均して給料は7・5%上昇しました。男性になったからといって、いきなり仕事を猛烈に頑張るようになったわけではありません。ただ性別を変えただけです。男性に変わっただけになのに、いきなり給料はアップしたのです。しかも、男性に性転換すると、男性は自分たちの仲間だと思ってくれて、手のひらを返したようにやさしい態度をとってくれるようになったのでした。

シルトの研究は、**だれも表立っては言わないものの、現在でもやはり男女の差別は厳然として存在していることを示唆しています。**男性は口では「女性を差別している」とは言いません。けれども、やはり見えないところで、こっそりと差別をしているのでしょう。見えないところで差別しているわけで、その意味では、よほど陰湿だともいえます。シルトの研究は、生物学的な性別ではなく、心理的な性別も重要で、男性が女性に変わると、たとえ身体的には男性であっても、女性が受けるような差別を受けてしまうことも明らかにしています。

仕事というものは、本来、その人がやった仕事の内容で評価されてしかるべきなのですが、現実には、性別による影響が大きいことも否定できません。社会は確実に性別の差をなくす方向には動いているのですが、その変化はきわめてゆっくりだといえるでしょう。

子どものケンカがエスカレートする理由

子ども同士は、お互いによくふざけ合うものですが、ふざけているうちにエスカレートして、最後はケンカになってしまうことが少なくありません。保育園や幼稚園、あるいは小学校では見慣れた風景です。先生が子どもの話を聞いてみると、たいてい次のようになります。

「〇〇ちゃんが先に押してきたんだよ」

「でも、◇◇ちゃんは、もっと強く押し返してきたんだ。だからやり返したんだよ」

子どものケンカでは、片方がまず軽く相手をぶち、ぶたれた相手がやり返すところからスタートします。けれども、その「やり返し」が問題で、自分では同じ強さでやり返しているつもりなのに、相手にとっては、「自分がやった以上の力でぶち返してきた」と感じられます。「やり返しすぎ」と受け取るのです。こうして、**お互いにどんどんやり返す強さがエスカレートしてケンカになる**のです。

子どものケンカによく見られる、この現象については英国ロンドン大学のサクウィンダー・シャージルが実験で確認しています。シャージルは、加えられた力を測定するレバー装置を作り、片方の人にはレバーの上に人差し指を置いてもらい、もう片方の人にはレバーの下から人差し指を当ててもらいました。実験ではまず、上の人が自分の好きな力でレバーを押し下げます。次に、下の人は、相手が加えてきたのとまったく同じ強さでレバーを押し上げるのです。

これを交互に8回やらせてみると、「相手と同じ力を返すように」という指示を出しておいたにもかかわらず、どんどん力が強くなっていくことがわかりました。毎回、38%ずつ加える力が強くなっていったのです。

もし、だれかに仕返しをするときには気をつけてください。

「自分では、同じことをやり返しただけ」だと思うかもしれませんが、相手にとってはあなたがさらに強烈な仕返しをしてきた、と受け取られてしまいかねません。ケンカを売ってきたと思うのです。相手に軽く足を踏まれただけなのに、同じ力で踏み返してやろうとするのはやめたほうがいいです。「俺は軽くやったのに、お前は強く踏み返してきた」と相手に受け取られるに決まっています。やり返すのであれば、相当に加減をしてやり返さなければなりません。

精神的な仕返しもそうです。**自分がやられたことを相手にやり返してやろうとすると、どうしても「やりすぎ」になってしまう可能性が高い**と思いますので、こんなときにはサラリと水に流してあげるのが大人の対応というものでしょう。

親のしつけが、将来の子どもの人生に影響する

親というものは、子どもの将来に対して責任を持たなければなりません。「親はなくとも子は育つ」ということわざもありますが、それはウソです。**親のしつけというものは、子どもにものすごく大きな影響を及ぼします。**子どもが生まれたら、どうやって親として接すればよいのかという問題は、非常に、非常に、もうこれ以上ないというくらい非常に大切なのです。

米国アリゾナ大学のラセック・リンダは、1950年代にハーバード大学に入学した男子学生に、「あなたのご両親は、どのような養育態度であなたのことを育ててくださいましたか？」ということを思い出してもらいました。

それから35年後、大学を卒業した彼らがどれくらい心の病気にかかっているのかを調べてみたのです。

すると、大学入学時点で、自分の両親が「愛情深く」「正しく」「公平に」「勤勉に」「強く」「知的に」育ててくれた、と回想していた学生は、35年後にも25%しか高血圧、心疾患、胃潰瘍、アルコール中毒などになっていませんでした。とても健康的だといえます。

子どもの頃、親がそのような態度で育ててはくれなかったという学生は、35年後には、87%が何らかの病気になっていることがわかりました。

親の子育ては、将来の子どもが健やかな人生を歩めるかどうかに大きく関係していたのです。

親としては、自分の子どもが健やかな心を持った大人になってほしいと願うのは当然です。だとしたら、ぜひ自分の子どもには、愛情を持って、正しく、勤勉に育ってくれるように促しましょう。

考えてみると、昔の日本人のお母さんたちは、みなそうやって子どもを育ててきました。「悪いことをしてはいけません！」「一人でも生きていける強さを持ちなさい！」「勉強をサボってはいけませんよ、おてんとうさまが見てますからね！」などと厳しく育てたものです。もちろん、愛情を持ってのことです。

ところが、最近の親御さんたちは、子どもを溺愛はするのですけれども、甘やかして育ててしまうところがあります。

子どもを愛するのと、甘やかすのは別次元の問題です。甘やかすだけでは、子どもは心の強さを持つことはできません。嫌なことでも頑張って取り組む粘り強さや、心の強さについても、親として子どもにしつけるようにしましょう。そのほうが、子どもも大人になってから、親に感謝してくれるはずです。

たまたま生まれた日が悪いだけで

日本では、学年の区切りが4月1日です。そのため3月生まれの人は、4月生まれの人よりも、ほとんど1年近く成長の差があるのに、同じ学年ということにされてしまいます。

ある程度の大人になれば、たかだか1年の違いはほとんど何の影響もありませんが、**小さな子どもにとって、1年の差というものはものすごく大きい**ことは容易に想像できるでしょう。

4月生まれの子どもは1年も経てば、もう歩けたり、少しは言葉を話せたりできるくらいまで成長できるのに、そのとき、3月生まれの子どもは生まれたばかりです。これで同じ学年にされてしまうのですから、たまったものではありません。

カナダのブリティッシュ・コロンビア大学のリチャード・モローは、小さな子どもでは、生まれた日の差が大きく出るのではないかと考えました。そこで93万人を超える6歳から12歳までを対象に、ADHD（注意欠如・多動症障害）と診断されるリスクについて調べてみました。

カナダでは、1月から12月までをひとつの学年と設定しているのですが、12月生まれの子どもは、1月生まれの子どもに比べ、ADHDと診断される割合が、男の子で30％高く、女の子で70％も高いことがわかりました。障害があるということで薬を処方されるリスクも、男の子で41％、女の子で77％も高いことも判明しました。

ADHDとは、集中力がない（注意欠如）、じっとしていられない（多動性）、思いつくと行動してしまう（衝動性）といった症状が見られる障害ですが、ちょっと考えてみればわかるとおり、ほとんど1年も差があれば、小さな子どもなら集中力が続かなくて、じっとしていられないのは当たり前です。

たまたま生まれた日が、学年の終わりのほうだったりすれば、成長が遅いのも当たり前に決まっているのですが、それでも同じ学年の子と比較されるのですから、本当はとてもアンフェアだといえます。学校の成績だって、生まれた日がほとんど1年も差があるのなら、それを考慮してしかるべきだとは思うのですが、残念ながら現行の教育システムでは、生まれた日や月はまったく考慮されていません。

もし読者のみなさんの子どもがADHDと診断されたとしても、子どもが生まれた日も考慮してみてください。「何だ、うちの子に落ち着きがないっていうけど、たまたま遅く生まれただけじゃないか。そんなに心配することもないな。あと1年もすれば少しは落ち着くだろう」ということがわかるのではないかと思います。

アスリートは生まれた日が大事

スポーツの世界でも、いつ生まれるのかは、その人の才能や実力よりも重要だったりします。

日本の場合、4月生まれの子どもは、同じ学年の3月生まれの子どもより身体の成長も早いでしょうから、運動能力も当然高くなります。そのため、「この子は優秀だ」と判断されやすく、アスリートとして順調な道を歩むことができるわけです。逆に、遅い月の生まれだと、どうしても成長が遅れてしまい、「キミには才能がない」と誤って判断されてしまう確率が高くなります。

ベルギーにあるルーベン・カトリック大学のウェマー・ヘルセンは、アスリートにとっては、まさしくいつ生まれるかが大切であることを、はっきりとしたデータで証明してみせてくれています。もともとベルギーでは、サッカー選手の年齢を区切る期日は8月1日でした。そのためなのでしょう、ヘルセンが調べてみるとトップ選手の約4分の1は、8月か9月生まれだったのです。ところが、ベルギーのサッカー協会は、あるとき年齢を区切る期日を1月1日にしました。

この変更が行われる前後の2年間における、10歳から12歳、12歳から14歳、14歳から16歳、16歳から18歳のコースのセレクション（選抜選手）の成績を調べてみると、案の定、8月生まれがグッと減り、今度は1月生まれほどセレクションで「才能あり」と評価され、合格しやすくなることが多くなったのです。

将来、サッカー選手になれるかどうかには、もちろん才能や実力が無関係だとまではいいませんが、いつ生まれるのかということも、すごく重要な要因だったりします。

たまたま生まれた日がよければ、「優秀」と判断されやすくなるでしょうし、まわりの人にチヤホヤしてもらえれば、本人だって「自分はできる」と思い込みやすくなるでしょう。自信も持てるようになるでしょう。そのため、そのスポーツに力を入れるようになり、結果として、プロになれる、ということもあるでしょう。

日本の場合、学年の切り替わりが4月1日ということもありますので、4月生まれが学業にしろ、スポーツにしろ、断然有利であることが予想されます。もし子どもが9月に生まれてしまったら、小さなうちにアメリカに留学させるのもよいかもしれません。アメリカでは、9月で学年が切り替わりますから、9月生まれが明らかに有利です。

さすがに子どもが生まれた月によって、子どもを育てる国を変える人はいないと思いますが、そうしてあげたほうが、本当は子どももラクな人生を送ることができるのです。

第4章

あなたが知らない心理学研究

私たちが考えるお金持ちのイメージは古い

米国マサチューセッツ工科大学のドラ・コスタは、時代によってお金持ちが働く時間の変化について調べてみました。すると、とても面白いことがわかったのです。

今から、100年以上も前、1890年代には、もっともお金を稼ぎ出す人たちは、もっとも働く時間が短かったのです。「お金持ちは、働かないもの」という時代があったのです。ほとんど働かずに、お金だけがじゃんじゃん入ってくる。それがお金持ちというものでした。

私たちが考えるお金持ちのイメージは、実は、100年以上も前の古臭いイメージだといえるかもしれません。では、今の時代はどうなのでしょう。

コスタが調べたところ、1973年になる頃までには、お金持ちとそうでない人の労働時間の差はどんどん小さくなり、ついに1991年からは、もっともお金を稼ぐ人が、もっとも長く働くようになりました。**今では、だれよりも長く働いているのがお金持ちです。**

「ああ～、お金持ちになって、あくせく働くのをやめたいよ」

「毎日、のんびり暮らせるお金持ちが羨ましいなあ～」

読者のみなさんも、そんな風に考えたことが一度くらいはあるのではないでしょうか。
けれども、そのイメージは大間違いです。実はお金持ちは、だれよりも長く働いています。他の人の、2倍も、3倍も、あくせく働いて、働いて、働きまくっているのがお金持ちなのです。それだけがむしゃらに働くからお金持ちになれるのであって、のんびりしていたらとてもお金持ちにはなれません。

そういえばスティーブ・ジョブズは、1日に18時間も働いていたそうですし、ココ・シャネルは日曜日が大嫌いでした。なぜなら、休むと仕事ができないからです。お金持ちになれる人は、みな仕事中毒人間なのです。たいして働いていないのなら、収入だってたいしたことにはなりません。**お金持ちになりたいのなら、まずはだれよりも長く働くことをいとわないことが重要**なことだといえます。

「お金持ちは、働かないもの」というのは、古臭くて間違ったイメージですので、それを改めなければなりません。そういう時代も昔はたしかにあったようですけれども、今は違います。働けば働くほど、それだけお金を稼ぐことができる時代なのです。
日本を含めた先進諸国では、週当たりの労働時間を減らそうとか、残業時間を減らそうという方向に動いていますが、本当にお金を稼いでいる人は、そういう風潮とはまったく逆のことをしているのです。働きまくっているからこそ、お金持ちになれるのです。

起業家になるかどうかは、遺伝が大きく影響する

みなさんのお父さんやお母さん、あるいは祖父や祖母は、自分で会社を経営していたでしょうか。もしそうだったとすると、みなさんも起業家精神が旺盛だといえるでしょう。逆に、自分の親族を見渡してみて、みんな会社勤めだとすると、会社の一員としてやっていったほうがよいかもしれません。

というより、そもそも起業家になろう、という気持ちにもならないのではないでしょうか。

「これからの時代は、起業家にならなければダメだ！」

「アイデア勝負の時代だからこそ、起業家になったほうが成功できる！」

もしビジネス書を読んで、そんな気分になったとしても、それは単なる気の迷いかもしれません。**実は起業家に向いているかどうかは、遺伝でかなりの部分が決まることが多い**のです。

英国のインペリアル・カレッジ・ロンドンのニコス・ニコロウは、起業家になるかどうかには、遺伝が関係しているのではないかと考えました。

そこで、870組の一卵性双生児（遺伝子的には、まったく同じ遺伝子を持った双子）を調

べて、さまざまな業種で、起業家になっているかどうかを調べてみたのです。

その結果、**一卵性双生児の場合には、片方が起業家になっていると、もう片方も起業家になっている割合が非常に高いことがわかりました。同じ遺伝子を持った二人は、やはり同じように起業家になっていた**のです。この結果は、起業家になるかどうかに遺伝が大きく影響していることを示唆しています。ニコロウによると、育ちや家庭環境はあまり影響しないようです。仮に一卵性双生児のどちらかが里子に出されて、まったく違う家庭で成長したとしても、あるいは別々の学校に進学したりしていても、やはり片方が起業家になっているときには、もう片方のほうも起業家になることが多かったのです。

かくいう私も、父親が自動車の中古販売などの自営業をやっていて、私自身も自分で会社を設立しました。やはり遺伝の影響を受けたのかもしれません。

私たちの体格についても、身長についても、性格についても、だいたい5割から6割は、遺伝の影響が見られることがわかっているので、そうしたものが職業選択にも影響をしている可能性があります。もちろん、人間の人生は遺伝だけで必ずしも決定されるわけではありませんし、本人の努力によって自分の道を切り開いていくことは可能なので、仮に親が起業家でなかったとしても、絶対に起業家になってはいけない、ということでもありませんので、その点は誤解なさらないでください。

ちょっとした製品デザインの違いが大きな差になる

読者のみなさんに、簡単な心理実験を試していただきましょう。

まずは、次のページの2つのイラストをごらんください。これは、トヨタのレクサスの自動車を正面から描いたものですが、少しだけデザインがリニューアルされていると仮定してください。さて、みなさんが自動車の購入を考えているのなら、どちらを選ぶでしょうか。

おそらくは、「A」のほうが〝何となくいい〟と感じたのではないでしょうか。もしそうであるなら、この実験に参加した人たちと同じ評価をしたことになります。

カナダにあるトロント大学のパンカジ・アガーワルは、製品が「人が笑って見える」ように見えるとき、好ましい評価を受けるのではないか、という仮説を立てました。そこでこの仮説を検証するため、プロのデザイナーに頼んで、左ページのような2つの自動車のイラストを作ってもらったのです。よく見ればわかると思うのですが、「A」のほうは、笑って見えますし、「B」のほうは、不機嫌そうな顔に見えませんか。

それぞれのデザインに対して、15の項目で、製品としての好ましさなどの得点をつけてもら

デザインによる印象の違い

A

B

ったところ、仮説どおりAのほうが高い評価を受けることがわかりました。

アガーワルは、レクサスとサンダーバード（フォード）の2つの自動車のデザインを変えて実験してみましたが、自動車のブランドは関係ありませんでした。どちらでも、笑って見えるようなデザインのほうがずっと好まれたのです。

私たちは、人間に対して、笑顔の人には好ましい印象を持つものですが、たとえそれが自動車であっても、もしそれが笑って見えるようなら、やはり無意識のうちに好意を感じやすくなるのです。

この心理学の原理を覚えておけば、商品のデザインを決めるときに役に立ちます。Tシャツにしろ、ケーキにしろ、テレビにしろ、洗濯機にしろ、**「何となく笑った顔に見える」ように、**

さりげなくデザインを調整すると、商品に対するウケがよくなることは間違いありません。

お店のレイアウトを決めるときもそうですが、壁紙や照明、あるいは座席の配置などを、さりげなく笑った人の顔になるように配置すると、それだけお客さんには良い印象を持ってもらえることでしょう。ぜひお試しください。

ワインのおいしさに得点などつけられない

ワイン通を自称している人たちは、どこそこ産のワインは芳醇(ほうじゅん)だとか、ヴィンテージがどうのという話を好んでするものですが、本当にそういう人たちはワインのおいしさがわかっているのでしょうか。

「そりゃ、ソムリエなんていう職業もあるくらいだから、ワインの味もそれなりに区別できているに決まっているよ」と思う人がいるかもしれませんが、まことに疑わしいということが研究で明らかにされているのです。

米国カリフォルニア州アルケータにあるハンボルト州立大学のロバート・ホグソンは、米国で行われた13のワインコンテストについての分析を行っています。

13のコンテストのうち、３つ以上のコンテストに出品された２４４０の銘柄のワインを調べたところ、そのうちの47％はどこかのコンテストで金賞を得ていました。ところが、まさにその同じワインの84％は、別のコンテストではまったく何の賞も受けることができなかったのです。あるコンテストで「非常に優秀」とされたワインのほとんどが、別のコンテストでは平均以下とされて何の賞も受けられなかったわけですから、何だかいいかげんに決められているのかな、と疑わざるを得ません。この分析結果をもとに、ホグソンは、「ワインの金賞は、まったくの偶然で決まっている」と結論をしています。ランダムに賞が決められているとしか思えないというのです。

そもそも、〝おいしさ〟というものは、客観的に決めるのがとても難しいのです。

ある人は、甘いワインをおいしいと感じて、辛口のワインは最低だと思うかもしれませんし、その逆の嗜好(しこう)の人もいるでしょう。つまり、おいしさに得点をつけるのは非常に困難な作業なのです。ホグソンの研究は、ワインを対象に行われたものなのですが、別のものについても、ひょっとしたらコンテストの結果は、それほど信ぴょう性があるものではないという可能性があります。ビールにしろ、牛肉にしろ、さまざまなコンテストで「金賞」が出され、お店にいけば、「金賞受賞」という商品が並んでいますが、何だかどれもこれも怪しいように感じてしまいます。ワインでも、牛肉でも、何でもそうですが、私たちはその価格を見て、ただ高いというだけで、「これはおいしい」と思い込んでしまうところがあります。**実際の味がわかっているのではなくて、価格によってだまされている可能性**もあります。

金賞をとっているものだからといって、その商品がよいとは限りません。もっと安くて、おいしい(少なくとも自分にとっては)ものは、いくらでもあるでしょうから、そういうものを選びたいものです。

お菓子をたくさん消費させるテクニック

お菓子のメーカーで勤めている人なら、どうすれば消費量を増やしてもらえるのかに興味があると思います。たくさん食べてもらえれば、そのぶんたくさんお菓子も売れることになります。そこでちょっとした心理学のテクニックをお教えしましょう。

といっても、何か難しいことをする必要はありません。たとえば、お菓子の詰め合わせや、色とりどりのお菓子をパック売りするときには、色別にきちんと分けるようなことをせず、すべてをごちゃまぜにすればよいのです。**たくさんの色がごちゃまぜになっていると、それだけお菓子をたくさん食べてもらえる**という実験があるのです。

米国ペンシルバニア大学のバーバラ・カーンは、地元のPTAで募集した123人の成人に、ゼリービーンズを好きなだけ食べてもらうという実験をしてみました。

ゼリービーンズは6色用意されていたのですが、あるグループには、きちんと色別に分けられている容器に入れて出し、別のグループには、色を分けずに、ごちゃまぜにして出しました。するると、食べてくれた量には次ページの図④のような違いが出たのです。

■図④　ゼリービーンズを食べた量

色別	ごちゃまぜ
12.7個	22.2個

色別に分けられていると、きれいに見えるものの、そのきれいさを壊したくなくなってしまうのか、消費量はぐんと減ることがわかります。ほとんど半減しています。

マーブルチョコは、色々な色のバリエーションがありますが、ごちゃまぜになって袋詰めされています。こういうやり方は、心理学的にいっても好ましい売り方なのです。訪問してくれたお客さんにお菓子などをお出しするときも同じで、**あまりにきれいに色別にお皿に盛りつけて出したりすると、美しさを損なうのためらい、手を出すのを躊躇(ちゅうちょ)するのかもしれません。**人間にはそういうところがあるのです。料理でも同じで、あまりに美しく盛りつけがなされていると、何となく食べにくいと感じてしまうことはありませんか。美しいものは、美しいままにしておきたい気持ちが強くなり、どうにも食べにくく感じます。その点、大きなお皿にごちゃまぜにされたような感じで出されると、すんなりと手を伸ばすことができます。遠慮する必要がないように感じるのです。

ちょっとした心理テクニックなのですが、知っておくとさまざまな場面で応用ができます。

料理人は料理を盛りつける器にもこだわる

美食家であり、芸術家でもあった北大路魯山人（きたおおじろさんじん）は、「食器は料理の着物」という言葉を残しました。料理と、それを盛りつける器には、切っても切れない関係があることに気づいていたのでしょう。どんな料理も、器が悪ければ台なしです。料理人が、器にこだわるのはそのためだと考えられます。

読者のみなさんも、器のデザインや色が重要だということは何となく想像できるでしょう。青色の皿、緑色の皿など、器の色合いによって、料理のおいしさや味にも影響が及ぶことは、何となくわかります。けれども、器の影響はそればかりではありません。

何と器の手触り（触感）も重要だということが心理学の研究で明らかにされているのです。

スペインにあるバレンシア工科大学のベティーナ・ピケラス・フィッツマンによると、表面がザラザラした皿の上に盛りつけたビスケットを試食してもらうと、表面がツルツルした皿でビスケットを食べてもらったときより、「サクサク感」がアップしたというのです。

おそらくは、陶器のザラザラした手触りが、ビスケットの歯触りにも影響したのでしょう。

ドーナツやパン、あるいはピザなどの料理を出すお店の経営者なら、お客さんにお出しする器には、ちょっとザラザラした感じのものがよいかもしれません。そのほうが、お客さんがドーナツやピザを食べたときのサクサク感が、さらに高まることが期待できます。

そういえば、ビールを飲むときにも、普通のジョッキでビールを飲むと、グラスがツルツルしているので、ビールのほうもサラサラとのどを通っていくような感じがしてさっぱりした味になりますが、陶器でビールを出されたりするお店では、ビールの味もより深みがあるように感じるものです。**人間の味覚は、手で触れる感覚によっても影響を受けますので、お皿や器、スプーンやお箸などにも注意を払う必要があります。**

プラスチック製のお皿やお箸などは、たしかに便利ではあるものの、何となく安っぽく感じ、料理自体もおいしくないと感じさせてしまうものです。料理の器は、できるだけ高級感というか、ある程度どっしりとした感じのもののほうが料理もおいしく食べられるはずですから、自宅のお皿などもそういうものを揃えておくとよいかもしれません。

ピケラス・フィッツマンは、別の研究において、重さだけが違う3つの器を用意し、同じヨーグルトを入れて試食してもらいました。一度に1つずつ器を手に持って試食してもらうのですが、**器が重いほど、ヨーグルトの味は、「濃い」と評価され、しかも価格を推定してもらうと「高い」と判断されたのです。**

この実験からもわかるように、食器はある程度の重量があったほうがよいでしょう。

お医者さんだってお金はほしい

「医は仁術なり」とはいうものの、お医者さんだって生活しなければなりませんから、無料で診察をしてくれるわけがありません。**「人の生命を救う」という崇高な理念のもとでお医者さんは仕事をしているのですが、そうはいってもやはりお金は必要ですし、ほしいのです。**

米国マサチューセッツ工科大学のジョナサン・グルーバーは、少子化の影響で、分娩件数が減ると、産科医と婦人科医の収入も減りますが、そういうお医者さんはどうするのだろうと考えました。アメリカでは1970年から1982年の間に、13・5％も分娩件数が減ったのですが、そのぶん収入が減ってしまった産科医たちは、その収入減を埋め合わせる必要がありました。そのため、グルーバーは不必要な帝王切開を増やしているのではないか、と疑問を持ったのです。自然分娩ではなく、帝王切開をすれば、入院日数も増え、それだけお医者さんはお金をとることができます。簡単にお金を増やすのなら、帝王切開をすればよいのです。

もちろん、産科医たちは、そんなことを認めないでしょう。「不必要な帝王切開など、するわけないじゃないか！」と反論するでしょう。そこでグルーバーは、論より証拠と、アメリカの各州における出生率の減少と、それぞれの州で行われている帝王切開の増加についてのデータを調べてみました。すると、両者にはきれいな相関関係が見られたのです。

お医者さんは、「そんなことはない！」と言うかもしれませんが、データはそれを物語っていました。収入減を埋め合わせるために、わりと簡単に治療代を増やせる方法（帝王切開）をするお医者さんが増えていることは事実なのです。

もちろん、私は、産科医や婦人科医を責めているのではありません。彼らだって人間ですから、経済的な動機で行動しようとするのは、ごく自然なことだからです。簡単に治療代を増やせ、しかもそれが合法なら、それをやらないほうが不自然です。

黒澤明監督の映画に『赤ひげ』という作品があります。貧しい人たちに無料で治療を施すお医者さんを描いた内容なのですが、私たちは、そういう姿がお医者さんだと思い込んでいます。お医者さんは、人格的にとても立派な人たちばかりだと思っているのです。

もちろん、お医者さんの中には、そういう崇高な理念で行動している人も多いと思います。ただ、そうはいってもそういう人ばかりのはずがありません。どの業界でもそうだと思うのですが、決して立派な人ばかりではないのです。お医者さんのイメージを壊すような話になって申し訳ありませんが、いたずらに誤った幻想を持つのもよろしくないと思いますので、あえてこういうデータをご紹介した次第です。

医者が余計な処置をすることもある

私たちは、お医者さんがやろうとする処置は、すべて意味があって、すべてそれなりに効果があるのだろう、と何となく信じ込んでいます。しかし、これはまったくの幻想です。

実際のところ、**お医者さんがやろうとする処置には、「かえってやらないほうがいい」こともあることをきちんと知っておかなければなりません。**

「それはウソだろう」と思う人がいるかもしれませんが、明確なデータがそれを裏づけています。お医者さんがやることだからといって、頭から妄信してしまうのは危険なのです。

米国ハーバード・メディカル・スクールのアヌパム・ジェーナは、2002年から2011年までの米国心臓病学会が開催される2日間と、その前後の30日間での患者の死亡率を比較してみました。この学会には、全米中のお医者さんがこぞって出席するので、学会開催期間中の2日間には、心臓を専門とするお医者さんたちは、病院から一斉にいなくなるのです。

病院からお医者さんがいなくなるわけですから、その間は、緊急性の高い心臓の病気が起きても患者は処置を受けることができません。ということは、学会開催中には死亡率が高くならなければおかしな話です。ところが実際にデータをとってみると、学会開催中の患者の死亡率は17・5％でしたが、開催されていないときの死亡率は24・8％でした。つまり、**お医者さんたちが学会に出かけていて、患者を診られないときのほうが、患者はおかしな処置をされることもなく生存率は高かった**、ということになります。

このデータは、あくまでも心臓病を専門とするお医者さんを対象にしたものです。けれども他の領域のお医者さんについても、本当にその処置が正しいかどうかはわかりません。ひょっとすると、そんな手術や処置は必要がなかった、という可能性もあるのです。お医者さんは時として余計な処置をしようとするものだということは覚えておいたほうがよいでしょう。

お医者さんだって、人間ですから、余分な処置をすることで余計にお金がもらえるのだとしたら、それをやりたくなってしまうこともあるのでしょう。お医者さんだって、霞（かすみ）を食べては生きていけませんし、お金もほしいのです。そう考えると、お医者さんが勧めてくる処置についても、すべてを鵜呑みにして妄信するのではなく、ちょっとは疑ってかかったほうがよいかもしれません。日本人は担当医にすべてをおまかせ、という人が多く、セカンドオピニオン（別のお医者さんにも診断してもらうこと）もしない人が多いという話を聞きますが、あまりに信じるのもよくありません。

サッカー選手が大げさな転倒アピールをする理由

サッカー選手は、タックルを受けると、大げさすぎるほどに吹き飛ばされて見せるものです。弓のように身体をそらせ、「うわぁぁぁぁ……」と声を張り上げて転がるのです。あの転倒アピールなのですが、素人目で見ても、かなり嘘くさいとわかります。いったい、本当に意味があったりするのでしょうか。

英国ポーツマス大学のポール・モリスは、プロのサッカー選手の転倒場面を数多く集め、サッカーに関しては素人の人たちに見せて、どれが意図的で、どれが意図的でないかを見抜かせるという実験をしてみたことがあります。すると、サッカーをよく知らない人でさえ、ほぼ確実に大げさに転んでいるだけかどうかを見抜くことができました。審判ならなおさらです。審判はそういう転倒には、決してファウルをとることはありませんでした。

つまり、プロのサッカー選手たちがこぞってやっている転倒アピールはまったく何の意味もない、ということがモリスの研究で明らかにされたわけです。では、なぜプロのサッカー選手は、大げさに吹き飛ばされて見せるのでしょうか。残念ながら、その理由はわかりません。

「他の選手もやっているから、とりあえず自分もやっておくか」ということ以上の意味を見つけるのは難しいのです。ほとんどあり得ませんが、それでも審判がファウルをとってくれればもうけもの、くらいに考えているのかもしれません。

私たちは、たいして意味がなくても、「他の人がそうしているから」という理由で、自分でもその行為をすることがあります。強制されたわけでも何でもないのに、他の人がやっていると、自分も無意識のうちにそういう行動をとってしまうのです。

これを心理学では「同調行動」と呼んでいます。高校生の野球球児たちが、みなフェアプレーを心がけるのは、他の球児たちもそうしているからでしょう。高校野球というものは、さわやかなスポーツマンシップに則ったスポーツなのであり、紳士的な振る舞いをすることが求められているので、他の球児たちを真似て、どの選手もあまり汚いプレーはしないのです。これも一種の同調行動だといえます。ゴルフも紳士のスポーツなのですが、一緒にプレーする人がズルイことをしていれば、おそらくは一緒に回っている人も同じようにズルイことをするでしょう。私たちは、他の人がやっていることを見て、自分の行動を決めているのです。

ともあれ、サッカー選手がやっている大げさな転倒アピールは、他の人もやっているから自分もとりあえずやっておく、という同調行動以外ではなかなか説明がつきません。

サッカーが強い国ほどＰＫがヘタ

意外なことだと思われるかもしれませんが、**サッカーのペナルティキック（ＰＫ）だけを見ると、サッカーが強い国ほどゴール率がとても悪い**のです。ＰＫというのは、キッカーのほうが有利で、ゴールの確率が非常に高いのです。ところが、サッカーが強い国ほど外してしまうのです。

ノルウェー・スポーツ・サイエンス・スクールのジア・ヨーレは、１９８２年から２００６年のワールドカップ、また１９７６年から２００４年のＵＥＦＡ欧州選手権（ＥＣ）のＰＫのデータを分析してみました。

サッカーが強い国かどうかは、１９３０年からのワールドカップのタイトル数、１９６０年からのＥＣのタイトル数、また、スター選手の数（ＦＩＦＡ最優秀選手賞の選手、ワールドカップのゴールデンボールを受賞した選手、ＵＥＦＡ年間最優秀選手賞受賞の選手）で判断しました。

その結果、オランダやイングランドなど、たくさんのタイトルを獲得して、スター選手もそろっているチームほど、ＰＫはなぜか失敗しやすいことがわかったのです。具体的なＰＫの成功率は、イングランドで67・7％、オランダは66・7％でした。ちなみに、タイトルを一度もとっていないチェコのＰＫの成功率は１００％です。ＰＫはスター選手が多くなるほど、失敗します。スター選手がチーム内に20％から50％もいるチームでは成功率が66・7％でしたが、スター選手が「ゼロ」という国では成功率が88・5％の高さだったのです。

どうしてこんな数値になるのかというと、ヨーレによれば、プレッシャーです。**サッカーが強い国は、国民からもマスコミからも、異様な期待にさらされます。「ＰＫなんて、成功するのが当たり前」という、とてつもないプレッシャーがかかります。**だから、かえって緊張して失敗するのだろう、というのがヨーレの分析です。ヨーレは、審判が合図を出して、キックするまでの時間も測定しておいたのですが、サッカーが強いイングランドの選手は0・28秒でキックし、スペインは0・32秒、オランダは0・46秒でした。「ピーッ！」という審判の合図とともに、あわてて蹴ってしまおうとすることがわかります。さっさと蹴ることで、重圧から逃れたいと思う心理のあらわれなのかもしれません。ちなみに、タイトルをとっていないチームの選手は、審判が合図を出しても、１秒以上の時間をかけてゆっくりと蹴っていました。

サッカーに限らず、他のスポーツでも、世界ランキングが上位の国や選手は、大舞台で軒並み悪い結果になることは少なくありません。その点、たいして期待されていない選手のほうが、のびのびとプレーできるので好成績だったりするのです。

災害が起きても必ずパニックに陥るわけでもない

アメリカで同時多発テロが起きたとき、テレビは大声で泣き叫ぶ民衆の映像をくり返し流していましたが、そういう**災害に巻き込まれた人たちが、いつでもパニックを起こしてしまうのかというと、そんなこともありません。**

実際、その後の調査で、事件が起きた世界貿易センタービルで働く人たちは、比較的冷静に非常階段から逃げたことがわかっています。われ先にと出口に殺到し、そこで圧死するようなこともありませんでした。みな、理性的に振る舞っていたそうです。

スイスにあるチューリッヒ大学のブルーノ・フレイは、同じような豪華客船である、タイタニック号と、ルシタニア号での事故を詳しく調べなおしてみました。

タイタニック号は、1912年4月15日に沈没し、1513人の死者を出しました。ルシタニア号は、1915年5月7日に沈没し、1198人の死者を出しています。どちらもほぼ同じ規模の海難事故だったといえるでしょう。ただ、この2つの事故では大きな違いが見られました。タイタニック号の乗客は、パニックを起こさず、比較的理性的に振る舞ったのです。実際、救命ボートでの脱出を見ると、子どもは大人よりも14・8％も多く生き延びることができました。「子どもを先に脱出させるべきだ」という道徳的な判断がきちんとなされたのです。

ところがルシタニア号の事件では、大人のほうが多く脱出し、救助された子どもは大人より5・3％少なかったのです。「子どもなんてどうでもいいから、まず自分を助けてくれ」というパニックが起きたのでしょう。また、タイタニック号では、女性は男性より53％も多く救出されました。ルシタニア号でも女性のほうが多かったのですが、わずか1・1％多いだけでした。レディファーストなどという言葉は、ルシタニア号事件のときには見られませんでした。

なぜ、ルシタニア号ではパニックが起き、タイタニック号では起きなかったのでしょうか。

その理由は、フレイによると沈没までの時間が原因です。タイタニック号は、浸水がゆっくりで、沈没までに2時間40分もかかりました。時間があったので、人は正常な理性を取り戻すことができたのだろう、とフレイは分析しています。

一方、ルシタニア号のほうは、沈没までにわずか18分です。こういうときには、自分だけが助かりたいという利己的な衝動で人は行動してしまうようです。

災害が起きたとき、絶対にパニックが起きるのかというと、そんなことはありません。

パニックが起きてしまうのは、本当に危険が差し迫っているというか、緊急性の度合いが高いときです。こういうときには、やはりどうしてもパニックが起きてしまいます。そうでない、**時間があるときには人間は理性を保ったまま行動できる**のです。

ケンカが起きると、人は見て見ぬふりを「しない」

心理学には、**「傍観者効果」**と呼ばれる古典的な用語があります。

何らかの事件や事故が起きたとき、その場に居合わせた人（傍観者）がたくさんいると、「わざわざ自分が助けに入らなくても、きっと他の人が助けるさ」と考えてしまい、援助行動が起きないことを傍観者効果と呼ぶのです。この傍観者効果は、実際に起きる現象であることが確認されてはいるものの、そうはいっても、いつでも人が「見て見ぬふり」をするのかというと、どうもそうではないようです。率先して援助行動を起こす人は、ある一定数いるのです。

その意味では、「傍観者効果」という心理効果自体が、疑わしいといわざるを得ません。

米国ペンシルバニア州立大学のマイケル・パークスは、バーとナイトクラブで、実際のケンカの観察を行っています。金曜日と土曜日の夜（0時から午前2時まで）にアシスタントを送り込み、飲み屋で起きるケンカの記録をとらせたのです。なぜ金曜と土曜の夜にしたのかというと、週末ほどお店が混み、深夜のほうがお客さんも酔っぱらってケンカが起きやすいからです。送り込まれたアシスタントは、総勢１４８人です。彼らは25時間の本格的な観察のための訓練を受けてから、ナイトクラブに出陣しました。調査期間はのべ503日分で、860件のケンカが分析されました。お店は週末なので、当然混み合っていましたが、ケンカが始まると、ちゃんと仲裁に入る人がいました。男性同士のケンカでは、実に72％のケースで、無関係な第三者が止めに入ったのです。傍観者効果などあまり起きなかったのです。ただし、止めに入る人の80％は男性で、女性はあまり仲裁に入りません。女性のほうが、体格的に男性に劣るので、止めに入らないのは、何となく想像がつきます。

ただ、仲裁が入らず、傍観者効果のようなもの（？）が見られることもありました。それは男性と女性が言い争いのケンカを始めたケースです。このときには、17％の人しか止めませんでした。これは傍観者効果というより、「危険度が低そうだし、放っておくか」という判断がなされた結果だといえるでしょう。

私たちは、たとえ自分とは無関係だといっても、危険度が高そうだと判断したときには、迷わずに止めに入るのです。その意味では、あまり傍観者効果というものは見られないのかもしれません。

電車内で他の乗客にからんでいる酔っ払いがいたりすると、もちろん見て見ぬふりをする人もいます。その意味では、傍観者効果がないわけではありません。それでも、きちんと止めに入る人は一定数いるわけで、どういうときに傍観者効果が起きて、どういうときに起きないのかは、今後より詳しく検証されるべき課題だといえるでしょう。

一人のときより、グループのときのほうが人は助けに入る

私たちは、自分一人のときには勇気を出せなくても、知り合いと一緒であれば、勇気を持って援助に入ることができます。知り合いが一人でもいれば、心強さを感じるのか、勇気を持って「やめろっ！」と危ない場面にも飛び込んでいくことができるわけです。

米国サンディエゴ州立大学のハーバート・ハラリは、とある駐車場で、女性が男性に自動車にムリヤリ乗せられて、レイプされそうになっている場面を演出するという実験をしてみたことがあります。もちろん、女性も、襲っている男性も、どちらもサクラの実験協力者です。たまたまその駐車場に向かって歩いて来た男性がいたところで実験はスタートです。女性アシスタントは自動車に乗せられることに抵抗する演出を始めました。その場面を、こっそりと隠れたところから4人の判定者が観察してみたのです。

なお、通りかかった男性は一人きりの場合と、知り合いと一緒の場合があったのですが、だれかと一緒にその場面を目撃したときには、80％は直接的に止めに入りました。残りの人も直接的には止めませんでしたが、警察に通報しようとするなど、間接的には止めようとする行動

を起こしました。**私たちは、一人きりのときには勇気を出して援助行動を起こすことはできなくても、だれか一人でも隣にいてくれれば、援助行動を起こすのです。**

この研究から考えると、**傍観者効果が起きるのは、一人きりでいるという制限条件が必要なことがわかります。**だれか知り合いがいれば、もし周囲にたくさんの人がいても、おそらくは傍観者効果は起きないでしょう。

現代人は、昔の人に比べると、個人主義的で、他の人のことなど、「われ関せず」という態度をとりやすいといわれています。

その意味では、時代とともに、傍観者効果がもっと強く見られるようになってもよさそうなものですが、実際にはそういうデータはありません。やはり、時代が変わっても、勇気を出して止める人はいると思いますし、友だちなどと一緒なら、なおさら勇気を出して止める人のほうが多いのではないかと思います。

そういえば都会の人ほど、田舎の人に比べて、「われ関せず」の態度をとりやすいともいわれていますが、これも本当なのでしょうか。もし本当なら、都会のほうが傍観者効果は起きやすいともいえるわけですが、居酒屋や路上でケンカをしている人がいれば、あるいは襲われそうな女性を目撃したら、都会の人だってやはり止めに入るのではないかと思います。

武器が視界に入るだけで攻撃性が高まる

自分の部屋には、武器になるような物騒なものは、できるだけ置かないほうがよいでしょう。たぶん読者のみなさんの部屋にはないとは思うのですが、たまにインテリアのように猟銃やエアガンを飾ったりする人もいます。これは、心理学的にはあまりおススメできません。

なぜ、おススメできないかというと、**武器なようなものを見ていると、自然に攻撃性が高まってしまい、イライラする**からです。**これを心理学では「ウェポン効果」と呼んでいます。武器になるようなものが視界に入っていると、無意識のうちに攻撃や暴力が連想されてしまい、それによって怒りが高まってしまう**のです。

米国イリノイ州にあるノックス大学のジェニファー・クラインスミスは、30人の男性を2グループに分け、片方には、模造品のハンドガンを渡して、分解する手順と、組み立てる手順を書いてもらいました。時間は15分間です。残りの片方のグループには、子どものおもちゃを渡して、やはり分解する手順と組み立てる手順を紙に書いてもらいました。

それから、すべての男性のだ液を採取させてもらい、テストステロン（男性ホルモンの一種で、攻撃性に関係していることがわかっています）を測定してみると、ハンドガンに触れていたグループのほうが、テストステロンの値が高くなっていることがわかりました。

たとえ武器を使用するのではなくても、ただそれに触れたり、眺めたりしているだけで、攻撃性が高まってしまいます。このウェポン効果は、無意識のうちに発動するようですので、なおさら注意が必要でしょう。

ついでながら申し上げますと、銃を使って人を撃ち殺すようなテレビゲームも、やはりおススメできません。なぜなら、ウェポン効果が起きて、自分でも知らないうちにイライラしたり、ムカムカしたりすることが予想されるからです。ゲームをしている最中には、多少の爽快感があるかもしれませんが、暴力的なゲームは、やはり暴力的な傾向を助長してしまうという研究はいくらでもありますので、ゲームを楽しむのであれば、もっと違うジャンルのゲームのほうがよいでしょう。

ただし、**ウェポン効果は、自分の攻撃性や競争意欲を高めるのに役立てることもできます。**たとえば、強気な態度で交渉に臨みたいときや、どうしても仕事のやる気が出ないときなどには、武器になるような、銃や、弓矢、石斧などの画像をスマホなどで検索してしばらく眺めていると、テストステロンが分泌され、「よし、やるか！」「絶対に負けないぞ！」という意欲が湧いてくるかもしれません。こういう風に上手に利用することで、心理学の知識は自分に役立てることもできるのです。

汚い場所は、さらに汚くされてゆく

ひとつのゴミが道路わきに捨てられると、瞬く間にその場所にゴミの山ができあがります。「他の人だって捨てているんだから、私も同じことをしてもいいだろう」と考える人が多いためです。心理学の世界では、**「割れ窓理論」**と呼ばれる古典的な理論が知られています。

街中で、**ひとつでも割られた窓があったり、壁に落書きがなされていたりすると、あっという間に他の窓も割られたり、壁の落書きが広がっていく、という現象のこと**を指します。

汚い場所、汚い街は、どんどん汚くされてしまうものですが、それでは大学の施設内にある共有スペースはどうでしょうか。

ハロウィンのときに街中ではしゃいだりする傍若無人な若者たちとは違って、大学の施設内であれば、人は割れ窓理論から予想されるような行動はとらないのでしょうか。

それとも、同じ人間なので、やはり同じような行動をとってしまうのでしょうか。

これは、なかなかに興味深い疑問です。結論からいいますと、たとえ大学の中であろうが、**ゴミが捨ててあれば、人はそこに平気な顔でゴミを捨てていきます。**

■図⑤　環境の違いによってゴミを放置していく割合

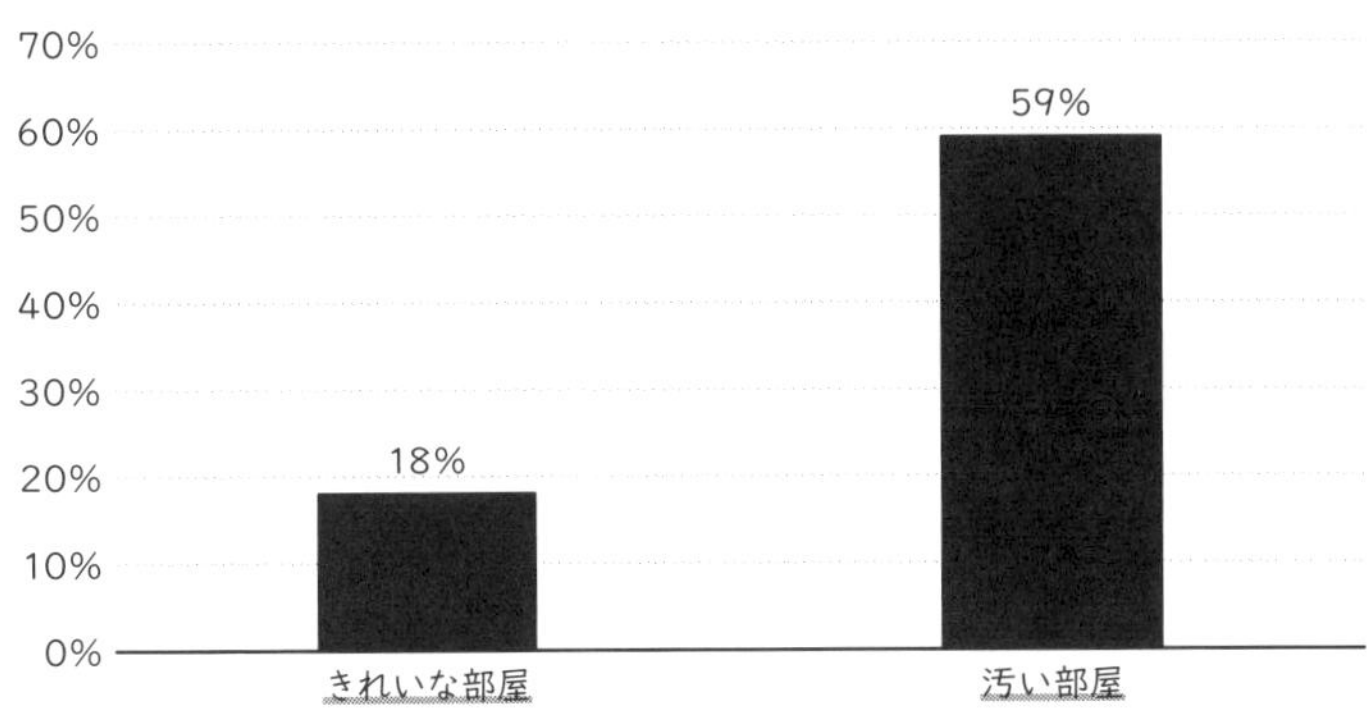

（Ramos, J. & Torgler, B. 2012より）

オーストラリアにあるクイーンズランド工科大学のジョアン・ラモスは、大学のキャンパス内にある2つの共有スペースのうち、片方の場所はきれいにしておき、もう片方には、使用済みの紙コップをテーブルに置いておいたり、ゴミ箱の横にはシュガースティックのゴミなどをわざと落としておきました。

そして、それぞれの共有スペースを訪れた人たちが、自分の持っているゴミをどれだけその場に捨てていくのかを、こっそりと測定してみたのです。

すると、上の図⑤のような結果になりました。きれいなところは、汚すことがためらわれます。ところが、他の人が落としたゴミがあれば、3倍も汚される確率が高くなることをこの実験は示しています。ちなみに、ラモスは、同じ人物が、それぞれの共有スペースを2つとも利用したときのケースについても分析しているのですが、きれいな部屋で捨てていく人は22％だったのに、その同じ人が汚い部屋に移動すると、そこで70％がゴミを捨てていくことも明らかにしています。同じ人でも、場所によって行動を変えていたのでした。

オフィスも、トイレも、きれいに使ってほしいのであれば、とにかくこまめに掃除をくり返して、ひとつでもゴミを許さないことを心がける必要があります。

「ちょっと汚れているけど、後でまとめて掃除するか……」などと思っていると、あっという間に汚くされてしまいます。

失敗からまったく学べない人たち

俗に、「人は失敗から学ぶ」といわれています。けれども、ある業界の人たちは、不思議なくらい過去の失敗から学ぶことをしません。同じ失敗を、何度も何度もくり返し、それでもまた失敗するのです。なんだか悪口になりそうで怖いのですが、その業界とは、**インフラ業界の人たち**です。あるいは、**インフラの建設計画を立てる政府や、お役人の方々**です。**この業界の人たちは、「失敗から何かを学ぶ」という姿勢がまったくありません。**

デンマークにあるオールボー大学のベント・フライバーグは、世界五大陸20か国の輸送インフラ計画258件を分析しました。すると驚きの結果が得られたのです。何と258件の輸送インフラ計画のうち、258件すべてでコストの増大が見られました。つまり、**当初の見込んでいた予算より上回るケースが、何と100％です。**100％というのは、なかなかお目にかかれない数値です。

「前回、予算のオーバーが見られたから、今度はちょっとコストの見積もりを上方修正しておこうよ」という気持ちにはならないのでしょうか。データを見ると、どうもそういうことにはなっていないことがわかります。フライバーグが分析したのは、過去70年間における輸送インフラ計画でしたが、時代ごとに見ても、コストの増大はまったく減っていませんでした。つまり、**どの国も「過去の失敗から学ぶ」ということをまったくしていなかった**のです。何ともいいかげんです。ただし、細かく見ると、それぞれのカテゴリーにおいて、コストの増大には差があります。フライバーグが得た結果は次の通りです。

- 「鉄道」でのコストの増大は45％
- 「橋」「トンネル」での増大は34％
- 「道路」での増大は20％

さまざまなインフラ計画のうち、予算の見積もりがいいかげんなのは鉄道で、それなりに頑張っているのが道路、ということになります。もちろん、どちらも予算はオーバーするのですが、道路のほうは増えてもせいぜい見積もりの20％です。鉄道よりは健闘しているといえるでしょうか。とはいえ、インフラ計画には、その国の役人に渡すワイロや裏金なども考えられます。それがコストを高めている可能性だってあります。日本でも、談合などの問題が時折ニュースに出たりしますが、建設のコストが高くなってしまうのは、「失敗から学べない」というよりは、その他の原因によるものとも考えられるかもしれません。

開国することが発展に役立つ

日本についての研究というと、同じ日本人が行うものと思われがちですが、外国人が日本の研究を行うことも少なくありません。

たとえば、米国カリフォルニア大学デーヴィス校のディーン・サイモントンは、日本の鎖国と開国についての研究を行っています。面白い研究なので、ご紹介しましょう。

サイモントンは、西暦580年から1939年までの日本の歴史を調べてみました。なぜ西暦580年からなのかというと、6世紀以前は資料の信頼性が低いと思われたからです。

日本は、外国に対して国を開く時期と、閉ざす時期を交互にくり返してきたのですが、開国している時期に、政治、経済、医学、文学、芸能、彫刻、刀剣といった分野で、創造的な発展が見られたのではないか、とサイモントンは考えました。調べてみると、たしかにその通りでした。しかし、開国したからといって、すぐに創造的な発展が見られるわけではなく、**国を開いてから少しだけ時間的なラグ（遅延）があり、それから新しいものが生み出されていることがわかりました。**外国から、さまざまな文化的な影響を受け、それを日本流にうまく適合させ、それによって新しいものを生み出していたのです。また、政治的な改革は、国を開いているときにしか起こっていないこともサイモントンは指摘しています。

日本人は、開国しているときでもなければ、なかなか政治的な形態を改革しようという気持ちにはならないのかもしれません。新しいものを生み出すには、外国からの影響を受けるのが一番のやり方です。日本人は、新しいものを生み出すとき、必ず、留学生を外国に送り込んで、新しい文化の吸収に努めます。古くは中国に遣唐使や遣隋使を送り、たくさんの新しいことを学びました。かつては外国に留学しなければ、影響力を得られませんでしたが、最近では、テクノロジーの発達によって、インターネットや書籍で外国の文化を学んだり、友だちを作ることが比較的簡単にできるようになりました。そういうところから、色々と刺激を受けることも可能です。わざわざ外国に行かなくても、異文化交流ができるような時代になりました。

これからも日本は、多くの面において、創造的な発展が見られるのではないか、と私は期待しています。

外国人と接すると、色々なものの見方の違いや、斬新な発想などの影響を受けますので、自分の古い価値観を壊したりするのにも役立ちます。日本人は自分から積極的にコミュニケーションをとるのが苦手ですが、それでも外国人にどんどん話しかけていきたいものです。

新人イジメがなくならない悲しい理由

アメリカの大学寮や部活動では、例年「新入生イジメ」が行われているそうです。日本も同じです。さすがに大っぴらにはイジメが行われることはありませんが、新入生の歓迎会では、大学1年生にお酒の一気飲みを強要するようなことは、いまだに行われているところもあるみたいです。職場でもそうです。さすがに今ではほとんどなくなりましたが、かつての新人は、先輩たちの前で宴会芸を披露しなければならないというようなことが、当たり前のように行われていました。なぜ、こういう新人イジメが行われるのでしょうか。

米国コルゲート大学のキャロリン・キーティングは、大学寮やサークルでの「新入生イジメ」を分析し、運動部では身体的なしごきやイジメが多く、ギリシャ語サークルのような文科系のサークルでは、人前で歌わせたり、踊らせたりという恥ずかしいことを求めるイジメが多いことを突き止めました。そういった種類の違いはあるものの、「イジメがない」ということはありませんでした。新入生たちは、何かしらのイニシエーション（通過儀礼）に参加させられることで、ようやく先輩たちから「一員」として認められるのでした。

キーティングによると、**イジメがなくならないのは、イジメが組織や団体の結束に役立っているからです。実際に役立っているからこそ、いくら「イジメはよくありません」と言われてもいまだになくならない**みたいなのです。

先輩の立場からすると、新入生をイジメることによって、組織のヒエラルキーを教えることができます。どんな組織にも序列や秩序があり、それを教え込むための手段としてイジメを行っているのです。また、新入生たちの心にも、「晴れて私はここの一員になれた」という気持ちが芽生えることもあるみたいです。その組織の一員というアイデンティティが強化され、組織のために頑張ろうという効果が少なからず研究から見られたのです。イジメという現象が社会からなかなか根絶されないのは、それなりの機能があるからなのでしょうか。

道徳的な観点から、「イジメはよくない」と言われても、組織にとっても役に立つ機能を果たしている以上は、イジメを完全になくすのはとても難しい問題です。とはいえ最近では、法律も厳しくなり、新入社員に宴会芸などを強要しようとすると、ハラスメントで訴えられます。これはとてもよい傾向です。

イジメは相手を傷つける行為です。相手に一生の傷として残るケースも多く、相手を追い込む行為です。みなさんも絶対にイジメをしてはいけないということを心に留めておいてください。

倫理教育はとても難しい

「悪いことをしてはいけない」
「もし悪いことをしている人がいたら、勇気を出して止めよう」
そういう道徳を教え込むことを倫理教育といいます。

イギリスにおいては、医学部の学生は、医学教育のカリキュラムの一環として、医者としての倫理を学びます。倫理に反する行為に対しては、きちんと反対の声を上げることの必要性を叩き込まれるのです。とはいえ、このカリキュラムが有効に機能しているのかというと、大いに疑問符がつきます。

英国グラスゴー大学のジョン・ゴールディは、医学部の1年生、3年生、5年生162人に、12の倫理に反した事例を読ませ、「あなたはこういうとき、反対の声を上げますか？」と聞いてみました。もし、カリキュラムが効果的で、倫理教育がしっかりとなされているのなら、1年生より3年生、3年生より5年生のほうが、たくさん反対の声を上げるはずです。1年生より3年生のほうが、そのぶんたくさん倫理教育を受けているはずですから。

ところが調べてみると、どの学年でもほぼ半数しか声を上げないことがわかりました。たくさん教育を受けたら、それだけ倫理に基づいた行動が増えるのかというと、どうもそういうことにはならないみたいです。もともとお医者さんの世界では、ヒエラルキーというものが存在していて、下っ端の人は、上の人に声を上げにくいのかもしれません。「上の人間には逆らうな、口を出すな」という雰囲気が他の業界より強くて、そのために倫理教育がうまくいかないのかもしれません。

ともあれ、**倫理というものは、学んだからといって現実には実行できないか、少なくとも教育で向上するものではありません。**倫理に反する行為に勇気を持って声を上げる人は、だいたい50%です。そういう人は、倫理教育など受けていなくても、やはり反対の声を上げますし、逆に、どれほど教育を受けても、それでも口をつぐんでしまう人もいるわけです。もう、この辺は、**生まれつきの本人の「気質」**のようなものが関係していると思うしかありません。

日本でも、２０１８年から全国の小学校で「特別の教科　道徳」が教えられることになりました。そういう教育が必要であることは論をまちませんが、そうはいっても道徳とか倫理というものは、なかなか教え込むのが難しいと思うので、小学校の先生がたは大変な苦労をなされているのではないかなと予想ができます。

第5章

感じる心理学研究

ラベルによって嗅覚がゆがむ

まったく同じものでも、その表現方法や、ラベルが違っていると、私たちの感じ方も違ってきます。同じ香りであっても、好ましいラベルがついていれば、好ましい香りだと感じますし、嫌悪感を催（もよお）すようなラベルがついていると、気持ち悪い香りだと感じられてしまうのです。

私たちの嗅覚というものは、客観的に決定されているものではなく、ものすごく主観的なものにすぎません。ですから、**ラベルひとつでずいぶんゆがんでしまう**ということも、ごく普通に起こるのです。

米国ブラウン大学のレイチェル・ハーツは、とても面白い実験をしています。

男女40人ずつの80人に、1週間の間隔をあけて、まったく同じ匂い嗅いでもらい、その好ましさを判断してもらったのです。1週目には、「パルメザンチーズ」というラベルの貼ってある香りを判断してもらい、2週目には「吐瀉物（としゃぶつ）」というラベルの香りを判断してもらいました。ただし、実のところ、この2つの香りは「メチルブタン酸と酪酸（らくさん）の混合物」でまったく同じものだったのです。好ましさを9点で判断してもらったところ、パルメザンチーズは5・06点と高評価でしたが、吐瀉物というラベルがついていると、1・68点とがくんと評価が下がりました。まったく同じものなのに、吐瀉物の香りだと思うと、気持ちが悪いのは当然です。

また、ハーツは、「松根油（しょうこんゆ）」の香りについても実験しています。1週目には「消毒スプレー」というラベルをつけておき、2週目には「クリスマス・ツリー」というラベルをつけておいたのですが、やはり「クリスマス・ツリー」というラベルのほうが好ましく評価してもらえました。料理のときも同じです。チーズが好きな人の頭の中では、おそらくチーズの香りというものは「芳醇」のようなラベルがくっついているのではないでしょうか。だから、おいしく味わうことができるのでしょう。ところが、チーズが苦手という人は、おそらく頭の中でくっついているラベルが「腐った匂い」とか「おならの匂い」というように、ちょっとネガティブなラベルなのではないかと思われます。だから味のほうもだまされてしまうのです。

私は納豆が大好きですが、人によっては納豆の匂いがどうにも許せないくらい嫌いだ、という人もいます。外国人でも納豆の匂いを嫌う人が多いようです。

私にとっては、納豆は、大豆が発酵した匂いにしか感じられません。きっとそういうラベルが頭の中で貼りついているのでしょう。ところが、嫌いな人は、納豆の香りが、「脱ぎ捨ててある靴下の匂い」であるとか「体臭」となっているのです。これでは、納豆がおいしいと感じるのは難しいでしょう。

思わずあくびが出てしまう条件

私たちは、不思議なもので、他の人が大きな口を開けて、「ふわ〜ぁ」とあくびをしているのを見ると、自分もつられてあくびをしてしまうものです。

あくびには不思議な感染作用があるらしく、何とあくびについて書かれた文章を読んでいるだけで、あくびが誘発されてしまうこともわかっています。

米国ブラウン大学のマリー・カースカドンは、119人の大学生を2つに分けて、片方にはあくびについて書かれた記事を読んでもらい、もう片方には扁桃腺(へんとうせん)について書かれた記事を読んでもらいました。それから、「あなたは記事を読んでいるときに、あくびをしましたか？あるいは、したくなりましたか？」と尋ねてみると、あくびの記事を読まされたグループでは約25％が、扁桃腺についての記事を読まされたグループでは約10％があくびをした、と答えたのです。なぜかはよくわからないのですが、あくびの記事を読んでいると、あくびが出てしまうようです。読者のみなさんも、ひょっとしてこのページを読んでいる最中に、あくびが出てしまうかもしれません。どうでしょう、あくびをしたくなってきたのではないですか。

また、カースカドンは、記事の内容にかかわらず、記事を面白いと感じるか、それとも退屈だと感じるかでも、あくびが出るかどうかに影響することも突き止めています。

あくびや扁桃腺の記事に「興味がない」と答えた人（5点満点で興味を尋ねたときに、1点か2点だった人）では、20人中12人があくびをしました。

ところが、「興味がある」と答えた人（5点満点で3点か4点だった人）は、31人中5人しかあくびをしませんでした。私たちは、どうも退屈だと感じるときに、あくびをしてしまうものだといえるでしょう。退屈な会議、退屈な映画、退屈な人とのおしゃべりで、ついついあくびが出そうになってしまうのは、人間ならだれでもそうなのだといえるのかもしれません。

どうしてあくびをするのかについては、まだよくわかっていないところもあるのですが、大きな口を開けて新鮮な空気を取り込むことによって、眠くなりそうな脳を活性化しようとしているのではないか、と考えられています。

退屈な状況のとき、私たちは眠気を感じるものですが、そういう眠気を吹き飛ばすために、新鮮な空気を取り込んで、眠りそうになっている脳をムリヤリ起こすためにあくびが生じるのではないか、というのです。

なお、人前で大きな口を開けてあくびをするのは、大変に失礼なことですから、あくびをかみ殺すか、手で口を覆うなどして、できるだけ見せないようにしたほうがよいことは言うまでもありません。

自分で体をくすぐっても、くすぐったくない理由

他の人から、脇をくすぐられると、ものすごくくすぐったく感じるのに、自分で同じことをしても、まったくくすぐったくはありません。同じ刺激を体に与えているというのに、これはいったいどういうことなのでしょう。私たちの身体はとても不思議です。

実は、**くすぐったく感じるかどうかには、「私たちの予想」が関係**しています。

自分で自分の体をくすぐる場合には、どこに、どれくらいの強さの刺激が加えられるのかが予想できます。そのため、くすぐったくないのです。他人にくすぐられる場合には、その予想ができないため、くすぐったいのです。

英国ロンドン大学のサラ・ブレイクモアは、「どうして自分では、自分のことをくすぐれないのか?」というユニークなタイトルの論文を発表しています。ブレイクモアは、自分の左手で右の手のひらをくすぐるか、あるいは左手でロボットアームを操作して、右の手のひらをくすぐってみる、という実験をしました。その結果、自分でくすぐるときには、くすぐったさの感じ方が約2点だったのに、ロボットにくすぐられると約3・5点になることがわかりました。

ロボットのほうがくすぐったく感じるのです。おそらくは、自分の予想とズレるからです。

またブレイクモアは、ロボットアームが動くまでの時間を変えてみました。スイッチを押すとすぐに動く条件、0・1秒遅れてくすぐる条件、0・2秒遅れてくすぐる条件、0・3秒遅れてくすぐる条件です。すると、スイッチを押してもなかなかロボットが動かないほど、つまりは、くすぐられることが予想できないほど、よりくすぐったく感じることもわかりました。さらに、ブレイクモアは、ロボットアームがくすぐる角度も変えてみて、30度ズレてくすぐる条件、60度ズレてくすぐる条件、90度ズレてくすぐる条件で試してみたところ、やはり予想できない角度でくすぐられるほど、くすぐったく感じることもわかったのです。

自分で、自分の体をくすぐるときにはどこに、どのくらいの刺激がくるのかが予想できるためくすぐったくないのに対して、他の人にくすぐられるときにはその予想と反するからくすぐったり、ということがこの実験でわかりました。ちなみに、私たちにくすぐったさを感じさせる脳の領域は、体性感覚領野や、前帯状皮質といった部分なのですが、自分で体をくすぐってもこれらの領域はまったく活性化しないこともブレイクモアは明らかにしています。

どうして他人にくすぐられるとくすぐったいと感じるかなど、「そんなのどうでもいい」と思う人がいるかもしれませんが、そういう「どうでもいい」ことを大真面目に研究しようとするのが、心理学の面白いところです。

インチキな手術でも痛みは消える

アスリートの人たちは、職業病なのかもしれませんが、ヒザやヒジに痛みを抱えることが少なくありません。このような場合には、ヒザやヒジにメスを入れて手術が行われるのが一般的です。けれども、そうした手術が本当に必要なのかどうかというと、疑問符をつけざるを得ません。切開などしなくても、痛みが消えてなくなることもあるからです。

米国テキサス州ヒューストンにある退役軍人メディカル・センターのブルース・モーズレイは、ヒザの変形性関節症に悩む１８０人の患者に、興味深い実験を実施しました。

患者たちは３つのグループに分けられました。通常の関節鏡視下(きょうしか)デブリードマン手術を受けるグループ、ヒザの関節鏡視下洗浄だけを行うグループ、インチキな手術を受けるグループです。インチキな手術というのは、皮膚の表面をもっともらしく切りますが、関節鏡を用いての切除は行いません。関節鏡視下デブリードマン手術を受けたと思い込まされただけです。そういう暗示をかけさせたのです。心理学でよくあるプラシボ実験です。

手術から1年後、そして2年後に「どれくらい痛みを感じますか?」という追跡調査が行わ

図⑥　手術から1年後の追跡調査

	インチキな手術	洗浄のみ	本物の手術
1年後	48.9	54.8	51.7
2年後	51.6	53.7	51.4

れました。100点満点での痛みの結果は、それぞれのグループで上の図⑥のようになりました。

数値にはほとんど差がありませんでした。本当の切開をしても、しなくても、その後に感じる痛みには、違いなどなかったのです。

手術を行って、「何となくよくなった感じ」がするのかもしれませんが、それは単なる自己暗示であって、本当に手術が効果的だったからとはいえない可能性があります。

お医者さんが施している治療が、本当に効果的なのかどうかについては、いくらかは疑ってかかったほうがよいでしょう。歴史的に見ても、お医者さんは、血を抜いたり、水風呂に放り込んだりと、とんでもない治療法を施すことがあるからです。

カウンセリングやセラピーでもそうで、大声を出させたり、枕をずっと殴り続けさせたり、おかしなことをさせるものがあったりします。そういうもので、心がすっきりするかもしれませんが、それは単なる気の迷いというか、思い込みにすぎないことがほとんどです。

気分が高ぶっていれば、痛みは感じない

アスリートの中には、試合や競技中にアキレス腱が切れているにもかかわらず、そのまま試合を続行するような選手がいます。野球選手でも、骨折しているにもかかわらず、試合に出場する選手はたくさんいます。メジャーリーガーとして二刀流で大活躍している大谷翔平選手も、日本ハム時代の13年7月11日、試合前の練習中に、打球を受けて右頬骨の骨折をしましたが、その3日後にはロッテ戦に出場して代打ホームランを打っています。

柔道選手でも、レスリングの選手でも、足首をねん挫していたり、肉離れを起こしたりしているにもかかわらず、ちょっとテーピングをしただけで試合に出場してしまうことは珍しくありません。アキレス腱が切れたり、骨折したりするのは、言葉には表現できないほどの痛みがあるはずです。痛がりの私などには、とても真似ができないようなことなのですが、アスリートのみなさんは、どうしてそんなに我慢強いのでしょうか。

実のところ、アスリートも人の子であって、そんなに我慢強くはないのかもしれません。ただ、試合を控えて、**気分が高ぶったりしている状況では、私たちの脳内には、たくさんの麻薬物質が分泌され、それによって痛みが消えている、**という可能性があります。

米国ペンシルバニア州にあるハバフォード大学のウェンディ・スターンバーグは、男女のアスリートにお願いし、試合の2日前、試合が終わった直後、試合の2日後に、痛みをどれだけ我慢できるのかという実験に参加してもらったことがあります。具体的には、触っていられないくらい冷たい水の入ったバケツに、できるだけ長く手を突っ込んでもらって、痛みにどれだけ耐えられるかをテストしてみたのです。その結果、男女のアスリートとも、試合直前に、もっとも痛みを感じにくくなり、痛みにも耐えられることがわかりました。

私たちは、さあこれから試合だというときには、脳内からβエンドルフィンやドーパミンなどの麻薬物質がどんどん分泌されます。それによって、痛みも感じにくくなるのです。ちなみに、脳内から分泌されるこれらの麻薬物質は、何とモルヒネに匹敵する強力な麻薬作用をもたらすこともわかっています。ケガを押して試合に出場するアスリートの姿には、涙を誘うものがありますが、実際のところは、脳内麻薬も分泌されているでしょうし、「そんなに辛くもないのかな」と私などはひねくれた考え方をしてしまいます。もちろん、いくら麻薬物質が出ていても、それでも十分に痛いだろうとは思います。

私たちの身体というのは、非常によくできていて、たとえケガをしていても、必要なタイミングのときには、痛みを感じなくさせるようなメカニズムが働き、うまくバランスをとってくれるのです。

人は秋と冬にはやる気が出ない

季節性感情障害という用語があります。**秋と冬になると、どうにも疲れっぽく感じるとか、どうにもやる気が出なくなってしまうという障害**です。「冬季うつ病」という用語もあります。

よほど気分の落ち込みが激しいのなら、病院で診てもらう必要があるかもしれませんが、大多数の人には、そこまでの必要はありません。

なぜなら、人間ならだれでも秋や冬には気分がへこむものだからです。

米国テキサスA&M大学のキャリル・ピーターソンは、春には時間帯によっての気分の変化はあまりなく、秋には、午前中には爽快であっても、午後には抑うつ的になりやすいことを明らかにしています。秋や冬には、だれでも気分が変わりやすくなってしまうようです。

けれども、これにはしっかりとした理由があるのです。秋や冬の季節には、どうしても食料が乏しくなります。こういう季節を生き延びるためには、できるだけエネルギーを使わないようにするのが一番です。

クマの冬眠のように、できるだけ動かずに乗り切るのが正しく、もし秋や冬に動き回っていたら、エネルギー不足で死んでしまいます。

そのため、私たちは、秋や冬にはできるだけ元気をなくし、むやみに外をうろつき回ったりしないよう、進化してきたというのです。これが進化心理学で考える、人間が秋や冬にやる気が出なくなり、抑うつ的になるメカニズムです。今でこそ、秋や冬にもありあまるほどの食べ物が簡単に手に入るようになりました。けれども、人類の歴史でいえば、冷蔵庫が各世帯に普及し、保存のきく食べ物が冬でも容易に手に入るようになったのは、ごく最近の出来事であり、人類は、ずっと飢えに苦しめられてきたのです。そういう経緯があるので、**人類は、秋と冬には、生き延びるための戦略として、抑うつ的になって身体を動かさないようにする、という機能を進化させてきました。いったん身についた機能は、冬にも食べ物が手に入るようになったからといって、簡単には消えることはありません。**

だから、現代人も、秋や冬には、気分が滅入りやすく、ブルーな気持ちで過ごさなければならないのです。季節によってやる気が出ないのは、これはもう人間はそういう生きものなのだと割り切るしかなく、むりに気分を高揚させようとしたりする必要はありません。お酒を飲んだり、カラオケで歌ったりすれば、ちょっとは気分がよくなるかもしれませんが、それもそんなに長くは続きません。

人間ならだれでも秋や冬には元気が出ないのです。「元気を出させない」という方向に人類が進化してしまった以上、これはもう人間の業だと割り切りましょう。

赤ちゃんは、見慣れた顔を好む

生まれたばかりの赤ちゃんでも、どちらかというと見慣れた顔のほうが安心するのか、そちらを好むようです。どうして好むことがわかるのでしょうか。

赤ちゃんは、当然ながら、大人のように話をすることができませんから、心理学で赤ちゃんの実験をするときには、「注視時間」というものを測定します。ある対象を長く見つめているほど、好んでいるのだろうな、親しみを感じるのだろうな、安心できるのだろうな、と間接的に推測するわけです。

イスラエルにあるテルアビブ大学のイアール・バーハイムは、生後3か月の赤ちゃんで、このことを確認しています。

バーハイムは、コーカサス系イスラエル人の赤ちゃんと、アフリカ系エチオピア人の赤ちゃんに、それぞれの写真を10秒ずつ見せてみて、どちらを長く見つめるのかを測定してみました。すると、コーカサス系イスラエル人の赤ちゃんは、コーカサス系イスラエル人の写真を平均して7・47秒見つめました。アフリカ系エチオピア人の写真は平均6・07秒でしたから、自分と同じ人種の顔を長く見つめていたことになります。

まったく同じことが、アフリカ系エチオピア人の赤ちゃんにもいえました。こちらは、アフリカ系エチオピア人の顔のほうを長く見つめていたのです。

赤ちゃんは、まだ自分がどの国の人なのかはわかっていないはずです。にもかかわらず、自分と同じ人種の顔の人は、何となくわかるのかもしれません。そのため、**親しみを感じるほうの顔をより長く見つめてしまう**のでしょう。

日本人の赤ちゃんも、おそらくは欧米人やアフリカ人の顔よりも、日本人の顔のほうを長く見つめることでしょう。赤ちゃんには、まだ自己概念のようなものはできあがっていないと思いますが、**本能的に、「自分と似ている人」というものを理解している可能性があります。**

赤ちゃんは口がきけませんので、そういうことを間接的に推測するしかないのですが、ひょっとすると、生まれて間もない頃から、赤ちゃんは大人と同じような認識能力を持っているのかもしれません。

どんなに面白くても、何回も笑えない

友だちが笑っていると、私たちも何となくつられて笑ってしまうものです。

米国メリーランド大学のロバート・プロヴァインは、**こうした現象を「笑いの感染」**と名づけました。この現象は、テレビなどでも利用されています。タレントがそんなに面白くもない話をしていても、「アハハハハ」という観客の笑い声を後から編集して吹き込んでおくのです。すると、視聴者もその笑い声につられて、おかしくもないのについつい笑ってしまうのです。

落語でも、舞台でも、映画館でもそうですが、他のお客さんが大笑いしていると、つい自分まで笑ってしまうのも、笑いの感染です。笑いの感染は、日常的な場面の色々なところで観察することができます。といっても、その笑いの感染がいつまでも続くわけではありません。

プロヴァインは、大学の3つのクラスで、それを確認する実験をしてみました。講師が笑い袋を使って、「イヒヒ」「アハハ」という笑い声を18秒聞かせ、それから42秒の無音状態があり、また18秒間の笑い声を聞かせる、ということを10回連続でくり返してみたのです。すると、声に出してつられて笑い転げた人の割合は左の図⑦のような感じになりました。

図⑦ 笑いの感染実験（大笑いした人の割合）

	クラス1	クラス2	クラス3
1回目	57%	67%	33%
10回目	4%	0%	2%

図⑧ 笑いの感染実験（少しでもニヤリとした人の割合）

	クラス1	クラス2	クラス3
1回目	98%	94%	85%
10回目	78%	71%	79%

最初こそつられて声を出して笑ってしまいますが、さすがに10回もやられると、ほとんど笑う人はいなくなります。「そんなの当たり前」と思うかもしれませんが、そういう当たり前のことをきちんと実験で確認したがるのが心理学者というものです。ちなみに、声は出しませんが、つい口元でちょっぴりでもニヤリと笑ってしまった割合のほうも教えておきましょう。上の図⑧のような感じでした。少しはニヤリとしてしまいますが、それでも10回も笑い声を聞かされると、さすがに感染効果は落ちるみたいです。**やはり、この実験で笑いの感染効果は何回も続かないことがわかりました。**

面白いダジャレでも、2回目に聞くときにはそんなに笑えなくなります。もうほとんど何も面白さを感じられなくなります。

写真で記録をとろうとすると、記憶には残りにくくなる

観光地をめぐるとき、ひっきりなしに写真を撮っている人がいます。おそらくは、せっかくの観光なので、思い出となる記録を残しておこうというのでしょう。そのこと自体は、決して悪いことではありません。けれども、せっかく観光地を訪れているのですから、自分の目で風景や建物などを見たほうがよいかもしれません。そのほうが、その場面を鮮明に覚えることができます。写真で記録を残しても、しばらくして写真を見返すと、「あれっ、ここはどういう場所だったっけ？」と首をひねってしまうようなことがよく起きます。写真のレンズを通して見ていると、記憶には残りにくくなってしまうのです。

米国コネチカット州にあるフェアフィールド大学のリンダ・ヘンケルは、27人の実験参加者を募って、美術館巡りをしてもらうというツアーを企画しました。参加者たちにはデジカメが渡され、30の展示物や作品のうち、15の作品のところでは写真を撮るように指示されました。

作品には、絵画、彫刻、宝石などがあり、参加者はその場所につくと、まず作品の名前を読み上げ、20秒作品を眺め、それから写真を撮ることになっていました。写真を撮らない残りの

15の作品のときには、20秒眺めてから、写真を撮らない代わりにさらに10秒長く作品を観察させました。美術館巡りが終わった翌日、参加者たちにもう一度集まってもらって、それぞれの作品が美術館のどこに配置されていたのか、また作品の名前やディテールについての質問などがなされました。記憶のテストを受けてもらったわけです。

その結果、写真を撮ったところでの作品の記憶テストの正答率は55%でした。ところが、写真を撮らなかったところでの正答率は64%だったのです。**写真を撮っていると、かえって記憶に残りにくくなってしまうことが、これで確認された**といえます。**私たちは、自分の目でしっかりと見て、心の中にしまっておいたほうが鮮明に記憶することができる**のです。

私は、この原理を、「その通りだ」と体験的に納得しました。私には息子が二人いるのですが、長男のときには初めての子どもだということで浮かれていて、幼稚園の運動会やら、発表会やら、カメラで写真を撮りまくっていたのです。そのためか、息子の記録は残せたものの、ほとんど記憶に残っておりません。これに懲りたので、二番目の息子のときには、自分の目でしっかりと見ることを決めて、写真はほとんど撮らないようにしました。そのため、二番目の息子のイベントのほうが強く思い出に残っているのです。

もちろん、写真を絶対に撮るな、と言っているわけではないのですが、せっかくの機会なのですから、ご自身の目で観察することも忘れないようにしてください。

上半身が逆三角形の体型の男性がモテる

女性の多くは、頑張ってダイエットに精を出しています。なぜかというと、スレンダーな体型のほうが男性にモテることを経験的に知っているからです。

それに比べると、男性は、女性ほどには頑張って筋トレに励んではおりません。もし女性にモテたいのであれば、筋トレをやり、特に上半身に筋肉をつけるとよいのです。

女性にモテることを考えた場合、下半身のほうはもうどうでもよいので、とにかく上半身に筋肉をつけてください。上半身を鍛えると、胸板が厚くなり、ウエストは引き締まるので、ちょうど逆三角形のような体型になります。そして、女性は、そういう体型の男性に心を惹かれやすいのです。

英国ニューカッスル大学のD・S・メイシーは、214人の男性のうち、少しずつ体型、体重の違う男性を50人選び出し、その男性の写真を女性たちに見せて魅力を尋ねてみました。まずBMIです。肥満かどうかを測定するのによく使われる指標ですし、読者のみなさんも健康診断の結果に出てくるのでわかると思うのですが、BMIと魅力には何の関係もありませんでした。肥満だからといって女性にモテない、ということは必ずしもありませんでした。ちょっとホッとする結果です。

では、魅力に関係しているのは何かというと、ウエスト（W）とチェスト（C）の比率（R）でした。ここでは、頭文字をとって、WCRと呼びます。この指標は、腰と胸囲の比率のことで、逆三角形の度合いが大きいほど数値が小さく、数値が上がってくると、逆三角形ではなく、寸胴（ずんどう）に近い体型ということになります。メイシーは、WCRに関して、0・70の男性、0・75の男性、0・80の男性、0・85の男性、0・95の男性と細かく分けて分析してみたのですが、もっとも女性陣から魅力的とされて、一番モテたのは0・70の男性でした。そして、0・75、0・80、0・85と数値が増えるにつれ、魅力はどんどん下がることも明らかにされたのです。女性は、筋骨隆々（りゅうりゅう）で、たくましい男性が好みのようです。

なぜ女性がそういう体型の男性を好むのかというと、**女性は、自分と子どもをしっかりと養ってくれそうな、頼りがいのある男性を好みます。また、逆三角形の体型の男性は、経済能力も高そうに見えますし、もし何かあったときには、家族を守ってくれそうな感じもします。だから、そういう体型の男性はモテる**のです。

女性にモテたいのであれば、とにかくがんばって上半身を鍛えてください。「そんなの面倒くさい」と思われるかもしれませんが、女性だって頑張ってダイエットしているのですから、男性だって少しくらいは頑張らなければなりません（笑）。

複数の感覚に訴えると、おいしさが増す

「日本料理は目で楽しむ」といわれています。

というのも、単に料理を盛りつけるだけでなく、色や形などにも大変なこだわりを見せるので、ひとつの芸術作品のような料理になっているからです。

食事というものは、ただ栄養を摂取できればいいのかというと、そうではありません。できるだけ楽しみながら、しかもおいしく食べることができることが料理の醍醐味だといえるでしょう（155ページ）。日本料理は目で楽しむ料理ですが、**1つの感覚（味覚）だけでなく、できるだけ複数の感覚（触覚、視覚、嗅覚など）にも訴えたほうが、同じ食べ物でもおいしさがぐんとアップすることが知られています。**

米国ミシガン大学のライアン・エルダーは、ポテトチップスを試食させる実験をしてみたことがあるのですが、「バーベキュー味が香る」という1つの感覚を訴えたときには、おいしさの評価が9点満点で5・67点だったのに対して、「バーベキュー味が香り、パリパリとした歯触りも楽しめる」と2つの感覚に訴えたときには、おいしさの評価が6・78点に高まることを確

認しました。**料理をおいしく食べるコツは、複数の感覚を利用すること**です。

新聞を読みながら、あるいはスマホをいじりながら食べ物を口に運んでも、まったくおいしく感じられませんが、まず料理を目で楽しみ、それから匂いを楽しみ、歯触りを楽しみ、口の中にひろがる味を感じるようにしたほうが、絶対においしく食べることができるはずです。

複数の感覚を使うということでは、手を使うのもよいです。フィリピン人やインド人は、手を使いながら食事をする機会が多いのですが、手を使って「触感」を刺激したほうが、やはりおいしさはアップするでしょう。

日本人はというと、箸を使って食べるのが基本だと思うのですけれども、たまには手を使って食べてみるのも悪くはありません。「手で味わう」ようにすると、また違ったおいしさを感じられるはずです。

手を使うのが恥ずかしいのであれば、本格的なインド料理のレストランに行きましょう。そこでは手を使うのが当たり前のようになっていますし、他のお客さんも手を使っているので、まったく恥ずかしくもありません。

表情で気分は変わる

私たちの心は、姿勢の影響も受けますが（68ページ）、同じように表情にも影響を受けます。

にこやかに微笑んでいると、私たちの脳みそは、「たぶん楽しいのだろう」と誤解して、楽しい気分にさせるために快楽物質を放出し始め、本当に楽しくなってきてしまうのです。

米国クラーク大学のサンドラ・デュロコスは、男女80人にさまざまな表情を作ってもらい、その時々に感じる気分を測定してみたことがあります。いきなり表情を作らせるのも難しいので、具体的にどうするのかを細かく指示しました。だいたい次のような指示でした。

●恐怖「眉を上げ、目を見開き、頭は後ろへ引き、口を少しあけてください」
●怒り「両眉をくっつけるようにします。歯を噛みしめ、アゴに力を入れてください」
●不快「目を少し細めてやぶにらみします。上唇を持ち上げて、鼻につけるように」
●悲しみ「両眉の端を下げ、口を閉じて、下唇を少し下げてください」

■図⑨　表情と実際に感じる気分の関係

感じる気分	恐怖の表情	怒りの表情	不快の表情	悲しみの表情
恐怖	**5.1**	3.7	3.8	3.9
怒り	2.7	**5.9**	4.7	3.6
不快	2.9	4.1	**4.5**	3.4
悲しみ	3.5	3.9	3.8	**5.3**

＊数値は高いほど、その気分を感じたことを示す

（出典：Ducolos, S. E., et al.,1989より）

参加者がうまくそれぞれの表情を作ったところで、気分の測定が行われました。その結果は上の図⑨のようになりました。

何かに怯えた顔（恐怖）をしていると、何だか本当に怖いような気分になりますし、しかめっ面をしていると、本当にムカムカしてくることがこの実験でわかりました。臭いものを嗅ぐときのような不快な顔をしていると、本当に不快になってきてしまいます。

私たちの表情は、この実験でわかるように気分の影響を受けるのです。

困った顔をしていたら、本当に何か困ったように感じてしまいますので、注意してください。毎日を楽しく暮らしたいのなら、ウソでもかまわないのでニコニコしていたほうがよい、ということも覚えておくとよいでしょう。

心の痛みは、身体の痛み

だれかに冷たい目で見られたり、話しかけても無視されたりするとき、私たちは「心が痛む」という言い方をします。まるで心が身体に傷を受けたかのような表現なのですが、実際、心の痛みと、身体の痛みは、まったく同じ痛みを私たちに感じさせるのです。

米国カリフォルニア大学ロサンゼルス校のナオミ・アイゼンバーガーは、実際に「心が痛む」ときには、「身体の痛み」を感じさせるときと、まったく同じ脳の領域が活性化することを確認しています。アイゼンバーガーは、コンピュータ上で、3人1組になってボールをお互いにパスし合う「サイバーボール」というゲームをやらせてみました。

ただし、最初の何回かは、ボールを回してもらえるのですが、そのうち自分以外のメンバーは、自分にパスを回してくれなくなります。つまり、他のメンバーは実験のサクラで、この実験は、他人に無視されたときに人がどう感じるかを調べることが本当の目的だったのです。

アイゼンバーガーは、サイバーボールで遊んでいるときの脳の活動を磁気共鳴機能画像法（fMRI）という大掛かりな装置で測定してみました。

すると、他の人から冷たい態度をとられると（パスを回してもらえないと）、脳の前帯状皮質という領域が活性化することがわかりました。ちなみに、この部位は、身体の痛みを感じるときにも反応する領域です。また、前頭前皮質も活性化していたのですが、この部位も、やはり痛みや感情の抑制にかかわる領域です。アイゼンバーガーの実験によって、**心の痛みは、身体の痛みと基本的には同じであることが明らかにされた**といえるでしょう。

心の痛みは、身体の痛みと違って目には見えません。けれども、本人は間違いなく傷ついています。心の傷が目に見えない以上、私たちの、心無い表現が、他の人の心を傷つけているかもしれないという可能性には、いつでも敏感でありたいものです。「自分の不用意な一言が、相手を傷つけたりはしていないか」ということを、常に肝に銘じておかなければなりません。

心の傷は目に見えないので、どんなに注意しても注意しすぎることはないのです。逆に、自分の心が傷ついたときには、それを相手にも伝えましょう。

「そういう言い方をされると、私はとても傷つきます」

のように自分の気持ちを話しましょう。

心の傷は相手には見えませんから、きちんと自分の感情を伝えないと、相手にもわかりませんし、嫌なことをやめてくれることもありません。我慢をする必要もありませんから、嫌なことをやめてくれるよう、直接にお願いするのが一番の方法です。

印象深い出来事ほど、記憶に残りやすい

私たちの脳みそにある記憶装置は、あらゆることを同じように記憶していくのかというと、そうではありません。**人間には、インパクトの強いもの、衝撃的な出来事などは、非常に記憶に残りやすい、という特徴があります。これを「フラッシュ・バルブ記憶」と呼びます。**

たとえば、私は、２０１１年3月11日に起きた東日本大震災の当日のことをいまだによく覚えています。その日、私は東京の品川区にあるカフェで編集者と打ち合わせをしていたのですが、突然の激しい揺れのために外に出ると、周囲の高層ビルが左右に大きくグラグラと揺れているのを見て、「あ、これはダメだ」と思ったことを、10年経った今も鮮明に思い出すことができます。おそらく、読者のみなさんも当時のことはよく覚えているはずです。

たとえ突然の出来事であっても、それが私たちに恐怖をもたらすようなものであるとフラッシュ・バルブ記憶になって、記憶に残りやすくなることは、実験的にも確認されています。

米国テキサスA&M大学のネッド・コックは、１８６人の経済学部の学生に国際貿易についての記事をコンピュータ上で読んでもらいました。１つのページは、２分半で自動的に切り替

わるようになっていたのですが、３枚目のページのとき、いきなりヘビの画像も記事と一緒に出てくることになっていました。

さて、すべての記事を読んでもらった後で、その内容について多肢選択式の記憶テストをしたところ、ヘビの画像が出てきたページの正解率だけが、他のページに比べて38％も高いことがわかりました。いきなりヘビの画像が出てきて、「うわっ！」と驚いた学生は、そのページの記事についてはよく記憶したのです。そのため正答率が約４割もアップしたのです。

戦争を経験しているお年寄りたちが、何十年も昔のことを鮮明に語ることができるのは、その体験がよほど衝撃的だったからでしょう。心理学的にいうと、フラッシュ・バルブ記憶です。**たいていの記憶というものは、時間の経過とともにどんどん忘却されていくものなのですが、フラッシュ・バルブ記憶はあまり風化することもなく、鮮明なままで私たちの記憶の中に残り続ける**のです。

では、なぜそういう記憶がなかなか忘却されないのかというと、人間が生き残る上で非常に役に立ったからでしょう。猛獣に襲われた状況などをしっかりと記憶しておき、そういう場所には近づかないように気をつける人ほど生き延びることができ、記憶していない人は生き延びることはできませんでした。

そのため、**危険なことをしっかり記憶できた人の遺伝子だけが後世に残されることになり、それが現代の私たちにも受け継がれているといえる**のです。

ヒトがヒトでなくなってしまうとき

科学雑誌の『ネイチャー』に発表された論文によりますと、私たちの脳みその中で、道徳や良心に関係しているのは前頭前皮質と呼ばれる領域であるそうです。そのため、この部分に腫瘍ができたり、あるいは事故に遭ったりして、この領域がダメになってしまうと、良心の痛みのようなものを感じなくなってしまうことがわかっています。

米国ウィスコンシン大学のマイケル・コーニグスは、前頭前皮質に損傷を受けた患者たちに、ジレンマ問題という課題をやってもらいました。道徳的に、とても判断が難しい課題です。たとえば、こんな感じの問題でした。

「あなたの村が、敵兵に占領されました。残った村人は、みな食糧庫に隠れています。そのとき、あなたの赤ん坊が大声で泣き始めました。とっさに、あなたは赤ん坊の口を押えました。見つかれば村人は全員殺されてしまうでしょう。村人を助けるため、あなたは赤ん坊の口を押えたまま窒息死させますか？」

村人の生命を救うためとはいえ、愛するわが子を殺さなければならないのは、かなりのジレンマを引き起こします。普通の人にこういう課題をやらせると、なかなか判断できないこともわかっています。ところが、前頭前皮質に損傷を受けた患者は違いました。非常に合理的に判断し、「どうせ敵兵に見つかったら、赤ちゃんもろとも全員が死んでしまうのだから、赤ちゃんを窒息死させるのはしかたがないでしょ」と、すぐに答えを出してしまうのです。しかも、良心の痛みのようなものはまったく感じませんでした。

前頭前皮質とは、ヒトをヒトたらしめ、思考や創造性などに深くかかわる領域なのですが、この部位に損傷を受けると、ヒトでなくなってしまう、という大変に怖いことが起きてしまうといえるでしょう。自分の愛する人を、何の感情も持たずに殺してしまうような人は、ひょっとすると脳みそのこの領域に腫瘍ができていたり、激しく頭をぶつけた拍子に損傷を受けたりしている可能性があります。そうでないなら、良心の呵責（かしゃく）のようなものを一切感じずに、冷血非道な振る舞いができる説明がつきません。

脳みそは、人間にとって非常に重要な部位ですから、ここに損傷を受けると大変なことが起きます。自然災害のときなどは、「とにかく頭を守りなさい」と言われるのも、それだけ頭が重要だという証拠です。それまでは穏やかな人だったのに、いきなり怒りっぽくなってしまった人など、**人格の大きな変化が見られる場合には、脳に腫瘍ができている可能性があります。**そういう人は、できるだけ早く医者に診てもらう必要があるでしょう。

なぜお年寄りは、失礼なことを言ってしまうのか

政治家でも、芸能人でも、大御所と呼ばれる人たちは、他の人に対してものすごく失礼なことを平気で言ってしまいます。政治家の場合ですと、差別的な発言だとマスコミに叩かれて、辞職させられることもあります。

なぜ、大御所の人たちは、「うっかり発言」をしてしまうのでしょうか。自分が偉いので、何を言っても許されるだろうと甘い考えをしているのでしょうか。もちろん、そういうこともあるでしょうが、もっと本質的な問題があります。別に大御所に限らず、だれでも年をとってくると、失礼なことを言ってしまいやすくなるのです。

たとえば、太っている人がいても、普通の人ならそんなことを指摘しませんが、お年寄りほど、「お前、デブだな」と失礼なことを口に出してしまうのです。

オーストラリアにあるクイーンズランド大学のウィリアム・フォンヒッペルによると、お年寄りになるほど、前頭葉（ぜんとうよう）の委縮に伴う老化によって、理性的なコントロールができなくなってくるのだそうです。**お年寄りになるほど、会話の流れにまったく関係のない話をいきなり切り

出したり、差別的な発言や失言をしてしまったりするのも、その原因は老化です。

また、フォンヒッペルは、**年配者ほど、失言が増えるだけでなく、ギャンブルにもはまりやすくなるとも指摘しています。原因はやはり、老化に伴って理性的なコントロールができなくなってくるから**です。脳が老化していなければ、「この辺でやめておこう」と分別のある判断ができるのですが、前頭葉が委縮してくると、そういうコントロールがしにくくなってしまうのだそうです。

そういえば、パチンコ店ですとか、競馬場、競艇(きょうてい)場といった場所に行くと、ものすごく熱くなっていて、「大丈夫かな、このおじいちゃん……」と、見ているこちらが心配になってしまうような人がたくさんいます。

みなさんの職場の上司が、みなさんに対してものすごくひどいことを平気で言ってくるのも、ひょっとしたら脳の老化が影響しているのかもしれません。若い頃には、そんなことを言わないだけの分別を持ち合わせている人でも、老化には勝てません。

年配者に心無いことを言われたとしても、「自分も年をとったら、こんな風になってしまうのかもしれないな」と思えば、少しは許してあげようかな、という気持ちにもなれるかもしれません。嫌なことを平気で言ってくる上司を大目に見て許してあげなさい、とまでは言いませんが、老化が原因だと思えば、そんなに腹も立たずにすむかもしれません。

お金より大事なものとは

若い人にはわからないと思うのですが、平成6年（1994年）に日本テレビ系で放送されていた『家なき子』というドラマがありました。そのドラマを主演した安達祐実さんの名ゼリフが「同情するなら金をくれ！」です。私たちにとって、お金はなくてはならないものです。お金があって困ることはありませんし、ありあまるほどのお金がほしいというのも、私たちにとっての偽らざるホンネであることはいうまでもありません。

けれども、**人間はお金だけで生きているのかというと、そんなこともないわけで、他の人から向けられる親密な愛情や関心のほうが重要だということもわかっている**のです。

オランダにあるライデン大学のイリア・ファンビーストは、コンピュータ上で、「ユーロボール」というゲームをやらせてみました。3人が1組になり、好きな人のところにボールをパスすることができるのですが、このゲームでは、パスが回ってくるたびに、自分の手元にあるお金のうち、50ユーロを支払わなければなりません。ということは、パスを回してもらえないほうが、ゲーム終了後にたくさんのお金が得られるわけです。ただし、この実験に参加する他のメンバーは、サクラです。サクラは、本物の参加者にはあえてパスを回しませんでした。パスが回ってこないのですから、当然、参加者はたくさんのお金を残せました。にもかかわらず、ゲーム終了後の調査で、参加者たちはみな心がへこんでしまうことがわかったのです。「お金なんていらないから、自分を無視せず、少しはパスを回してほしかった」と答えたのです。**いくらお金がもらえても、他人に無視されるよりはマシだということが、この実験で明らかにされた**といえます。実験とはいえ、無視されるのは大変に嫌な経験でしたでしょうから、参加者にとってはつらい実験だったでしょう。

おそらく、大半の人にとっては、「同情するなら金をくれ！」ではなく、「お金なんていらないから、愛情をくれ！　同情してくれ！　もっと私を見てくれ！　関心を持ってくれ！」というのが、実際の気持ちに近いのではないでしょうか。学校や職場でのイジメを考えてみるとよくわかります。クラスメートや職場の人たちから、ずっと無視されたとしたら、読者のみなさんはどんな気持ちになるでしょうか。おそらくはたえられなくなって、不登校、あるいは転職を本気で考えるのではないかと思われます。私たちにとって、自分が「いないもの」のように扱われることは、本当に心が痛むことです。

少しくらい給料が減っても、アットホームな職場に転職したほうが精神的に満足できるといわれるのも、私たちがお金より、自分の存在をきちんと認めてもらいたいという気持ちが強いことの証左(しょうさ)だといえます。

あとがき

「どうして心理学なんか研究しているの?」と「なんか」呼ばわりされることもあるのですが、心理学という学問は本当に面白いのです。私がそう思っているだけかもしれませんが、読者のみなさんにもその面白さを少しでも感じていただきたいと思って、本書を執筆いたしました。

本書をお読みいただければ、読者のみなさんも軽く100本近くの論文に接したことになります。おそらくは、かなりの〝心理通〟になったのではないかと思うのですが、いかがでしょうか。

できるだけ幅広い読者に興味を持っていただくため、本書では「犯罪心理学」とか「経済心理学」のようにテーマを絞り込むことはいたしませんでした。心理学というのは、もう「何でもアリ」の学問ですので、本書の内容も、「何でもアリ」にしたわけです。

ただ、こうして本書を書き上げてみると、あまりにもバラエティに富みすぎてしまったなあ、と反省もしています。いったい何の本なのか、私にもよくわからなくなってしまいました。それだけ多様なテーマの論文をご紹介してきたつもりです。

研究の中には、「これって、本当に心理学?」と思われるようなものもたくさん含まれていると思うのですが、それが心理学という学問の懐の深さなのです。基本的には、何をやっても許されてしまうところがあるのです。

他のお堅い学問ですと、おかしな研究をしようと思ってもなかなかできません。他の先生たちに奇異の目で見られてしまいますから。ところが、心理学の世界では、どんなにおかしな研究でもウェルカム。だれも文句は言いませんし、むしろ感心してもらえるのです。「ヘンな研究をしたい」という人は、ぜひ心理学者になるべきです（笑）。

さて、本書の執筆にあたっては総合法令出版の酒井巧さんにお世話になりました。この場を借りてお礼を申し上げます。ほとんど何の関連もないひとつひとつの項目を、うまくまとめ上げて章立てを組んでくださるばかりか、読者にとって、読みやすく、見やすい本になっているのは、すべて酒井さんの努力の賜物です。

最後になりましたが、読者のみなさんにもお礼を申し上げます。最後までお読みくださり、心より感謝いたします。ありがとうございました。

本書をお読みいただき、「すごいな！　心理学というのは!!」と感じてくださったのだとしたら、著者としてこれ以上の幸せはありません。

またそのうちにお目にかかりましょう。紙面も尽きましたので、ここで筆をおきます。

内藤誼人

The neuroscience of force escalation. Science ,301, 187.

Simonton, D. K. 1997 Foreign influence and national achievement: The impact of open milieus on Japanese civilization. Journal of Personality and Social Psychology ,72, 86-94.

Sternberg, W. F., Grant, D. B. M., & Gracely, R. H. 1998 Competition alters the perception of noxious stimuli in male and female athletes. Pain ,76, 231-238.

Tatem, A. J., Guerra, C. A., Atkinson, P. M., & Hay, S. I. 2004 Momentous sprint at the 2156 Olympics? Nature, 431, 525.

Thornton, B. Faires, A., Robbings, M., & Rollins, E. 2014 The mere presence of a cell phone may be distracting. Social Psychology ,45, 479-488.

Twenge, J. M., Konrath, S., Foster, J. D., Campbell, W. K., & Bushman, B. J. 2008 Egos inflating over time: A cross-temporal meta-analysis of the narcissistic personality inventory. Journal of Personality ,76, 875-901.

van Baaren, R. B., Holland, R. W., Steenaert, B., & van Knippenberg, A. 2003 Mimicry for money:Behavioral consequences of imitation. Journal of Experimental Social Psychology ,39, 393-398.

van Beest, I. & Williams, K. D. 2006 When inclusion costs and ostracism pays, ostracism still hurts. Journal of Personality and Social Psychology ,91, 918-928.

von Hippel, W. 2007 Aging, executive functioning, and social control. Current Directions in Psychological Science ,16, 240-244.

Vaughn, D. A. & Eagleman, D. M. 2017 Briefly glimpsed people are more attractive. Archives of Neuroscience ,20, e28543.

Ward, A. F., Duke, K., Gneezy, A., & Bos, M. W. 2017 Brain drain: The mere presence of one's own smartphone reduces available cognitive capacity. Journal of the Association for Consumer Research ,2, 140-154.

White, R. E., Prager, E. O., Schaefer, C., Kross, E., Duckworth, A. L., & Carlson, S. M. 2017 The �Batman Effect� : Improving perseverance in young children. Child Development ,88, 1563-1571.

of the dish influence our perception of food? Food Quality & Preference ,22, 753-756.

Piqueras-Fiszman, B. & Spence, C. 2012 The influence of the feel of product packaging on the perception of the oral-somatosensory texture of food. Food Quality & Preference ,26, 67-73.

Polman, E. 2012 Effects of self-other decision making on regulatory focus and choice overload. Journal of Personality and Social Psychology ,102, 980-993.

Prestwich, A., Conner, M. T., Lawton, R. J., Ward, J. K., Ayres, K., & McEachan, R. R. C. 2012 Randomized controlled trial of collaborative implementation intentions targeting working adults' physical activity. Health Psychology ,31,486-495.

Provine, R. R. 1992 Contagious laughter: Laughter is a sufficient stimulus for laughs and smiles. Bulletin of the Psychonomic Society ,30, 1-4.

Quoidbach, J., Gilbert, D. T., & Wilson, T. D. 2013 The end of history illusion. Science ,339, 96-98.

Ramos, J. & Torgler, B. 2012 Are academics messy? Testing the broken windows theory with a field experiment in the work environment. Review of Law and Economics ,8, 563-577.

Riskind, J. H. & Gotay, C. C. 1982 Physical posture: Could it have regulatory or feedback effects on motivation and emotion? Motivation and Emotion ,6, 635-641.

Rogelberg, S. G., Allen, J. A., Shanock, L., Scott, C., & Shuffler, M. 2010 Employee satisfaction with meetings: A contemporary facet of job satisfaction. Human Resource Management ,49, 149-172.

Root-Bernstein, R. 2008 Arts foster scientific success: Avocations of Nobel, National Academy, Royal Society, and Sigma Xi members. Journal of Psychology of Science and Technology ,1, 51-63.

Sabatelli, R. M., Buck, R., & Dreyer, A. 1982 Nonverbal communication accuracy in married couples: Relationship with marital complaints. Journal of Personality and Social Psychology ,43, 1088-1097.

Sagioglou, C. & Greitmeyer, T. 2016 Individual differences in bitter taste preferences are associated with antisocial personality traits. Appetite, 96, 299-308.

Samuelson, W. & Zeckhauser, R. 1988 Status quo bias in decision making. Journal of Risk and Uncertainty ,1, 7-59.

Sana, F., Weston, T., & Cepeda, N. J. 2013 Laptop multitasking hinders classroom learning for users and nearby peers. Computers & Education ,62, 24-31.

Schroeder, J. & Epley, N. 2015 The sound of intellect: Speech reveals a thoughtful mind, increasing a job candidate's appeal. Psychological Science ,26, 877-891.

Schilt, K. & Wiswall, M. 2008 Before and after:Gender transitions, human capital, and workplace experiences. The B. E. Journal of Economic Analysis & Policy ,8, Article 39.

Shergill, S.S., Bays, P. M., Frith, C. D., & Wolpert, D. M. 2003 Two eyes for an eye:

Landin, D. K., Hebert, E. P., & Fairweather, M. 1993 The effects of variable practice on the performance of a basketball skill. Research Quarterly for Exercise Sport, 64, 232-237.

Liles, J., Vuk, J., & Tariq, S. 2018 Study habits of medical students: An analysis of which study habits most contribute to success in the preclinical years. MedEd-Publish ,7, 61.

Linda, R. & Gary, S. 1997 Perceptions of parental caring predict health status in midlife. A 35-year follow-up of the Harvard Mastery of Stress Study. Psychosomatic Medicine, 59, 144-149.

Lutchmaya, S. & Baron-Cohen, S. 2002 Human sex differences in social and non-social looking preferences ,at 12 months of age. Infant Behaviour & Development ,25, 319-325.

Maisey, D. S., Vale, E. L. E., Comelissen, P. L., & Tovee, M. J. 1999 Characteristics of male attractiveness for women. The Lancet ,353, 1500.

Moesch, K., Hauge, M. L. T., Wikman, J. M., & Elbe, A. M. 2013 Making it to the top in team sports: Start later, intensify, and be determined! Talent Development & Excellence ,5, 85-100.

Morewedge, C. K., Huh, Y. E., & Vosgerau, J. 2010 Thought for food: Imagined consumption reduces actual consumption. Science ,330, 1530-1533.

Morris, P. & Lewis, D. 2009 Tackling diving: The perception of deceptive intentions in association football(soccer). Journal of Nonverbal Behavior ,34, 1-13.

Morrow, R. L., Garland, E. J., Wright, J. M., Maclure, M., Taylor, S., & Dormuth, C. R. 2012 Influence of relative age on diagnosis and treatment of attention-deficit/hyperactivity disorder in children. Canadian Medical Association Journal ,184, 755-762.

Moseley, J. B., O'Malley, K., Petersen, N. J., Menke, T. J., Brody, B. A., Kuykendall, D. H., Hollingsworth, J. C., Ashton, C. M., & Wray, N. P. 2002 A controlled trial of arthroscopic surgery for osteoarthritis of the knee. The New England Journal of Medicine ,347, 81-88.

Nickerson, C., Sshwarz, N., Diener, E., & Kahneman, D. 2003 Zeroing in on the dark side of the American dream: A closer look at the negative consequences of the goal for financial success. Psychological Science ,14, 531-536.

Nicolaou, N., Shane, S., Cherkas, L., Hunkin, J., & Spector, T. D. 2008 Is the tendency to engage in entrepreneurship genetic? Management Science ,54, 167-179.

Parks, M.J., Osgood, D. W., Felson, R. B., Wells, S., & Graham, K. 2013 Third party involvement in barroom conflicts. Aggressive Behavior ,39, 257-268.

Perlow, L. A., Hadley, C. N., & Eun, E. 2017 Stop the meeting madness. Harvard Business Review ,July-Aug.

Peterson, C. K. & Harmon-Jones, E. 2009 Circadian and seasonal variability of resting frontal EEG asymmetry. Biological Psychology ,80, 315-320.

Piqueras-Fiszman, B., Harrar, V., Jorge, A., & Spence, C. 2011 Does the weight

Herz, R. S., & von Clef, J. 2000 The influence of verbal labeling on the perception of odors: Evidence for olfactory illusions? Perception ,30, 381-391.

Hmieleski, K. M., & Baron, R. A. 2009 Entrepreneurs' optimism and new venture performance: A social cognitive perspective. Academy of Management Journal, 52, 473-488.

Hodgson, R. T. 2009 An analysis of the concordance among 13 U.S. Wine competitions. Journal of Wine Economics ,4, 1-9.

Hughes, N. & Burke, J. 2018 Sleeping with the frenemy: How restricting ?bedroom use? of smartphones impacts happiness and wellbeing. Computers in Human Behavior ,85, 236-244.

Jena, A. B., Prasad, V., Goldman, D., & Romley, J. 2015 Mortality and treatment patterns among patients hospitalized with acute cardiovascular conditions during dates of national cardiology meetings. JAMA Internal Medicine ,175, 237-244.

Job, V., Dweck, C. S., & Walton, G. M. 2010 Ego depletion – Is it all in your head? Implicit theories about willpower affect self-regulation. Psychological Science, 21, 1686-1693.

Jordet, G. 2009 Why do English players fail in soccer penalty shootouts? A study of team status, self-regulation, and choking under pressure. Journal of Sports Sciences ,27, 97-106.

Kahn, B. E., & Wansink, B. 2004 The influence of assortment structure on perceived variety and consumption quantities. Journal of Consumer Research, 30, 519-533.

Kavanagh, P. S., Robins, S. C., & Ellis, B. J. 2010 The mating sociometer: A regulatory mechanism for mating aspirations. Journal of Personality and Social Psychology ,99, 120-132.

Keating, C. F., Pomerantz, J., Pommer, S. D., Ritt, S. J. H., Miller, L. M., & McCormick, J. 2005 Going to college and unpacking hazing: A functional approach to decrypting initiation practices among undergraduates. Group Dynamics:Theory, Research, and Practice ,9, 104-126.

Klinesmith, J., Kasser, T., & McAndrew, F. T. 2006 Guns, testosterone, and aggression. Psychological Science ,17, 568-571.

Knight, A. P. & Baer, M. 2014 Get up, stand up: The effects of a non-sedentary workspace on information elaboration and group performance. Social Psychological and Personality Science ,5, 910-917.

Kock, N., Chatelain-Jardon, R., & Carmona, J. 2010 Surprise and human evolution: How a snake screen enhanced knowledge transfer through a web interface. Evolutionary Psychology and Information Systems Research ,24, 103-118.

Koenigs, M., Young, L., Adolphs, R., & Tranel, D. 2007 Damege to prefrontal cortex increases utilitarian moral judgments. Nature ,446, 908-911.

Kosinski, M., Stillwell, D., & Graepel, T. 2013 Private traits and attributes are predictable from digital records of human behavior. Proceedings of National Academy of Sciences of the United States of America ,110, 5802-5805.

social lives are richer than their own. Journal of Personality and Social Psychology ,113, 858-877.

Drew, W. & Edward, V. 2014 Hierarchical encoding makes individuals in a group seem more attractive. Psychological Science ,25, 230-235.

Ducolos, S. E., Laird, J. D., Schneider, E., Sexter, M., Stern, L., & Van Lighten, O. 1989 Emotion-specific effects of facial expressions and postures on emotional experience. Journal of Personality and Social Psychology ,57 ,100-108.

Duke, R. A., Simmons, A. L., & Cash, C. D. 2009 It's not how much; It's how. Characteristics of practice behavior and retention of performance skills. Journal of Research in Music Education ,56, 310-321.

Eisenberger, N. I., Lieberman, M. D., & Williams, K. D. 2003 Does rejection hurt? An fMRI study of social exclusion. Science ,302, 290-292.

Elder, R. S., & Krishna, A. 2010 The effects of advertising copy on sensory thoughts and perceived taste. Journal of Consumer Research ,36, 748-756.

Flyvbjerg, B., Holm, M. K. S., & Buhl, S. L. 2004 What causes cost overrun in transport infrastructure projects? Transport Reviews ,24, 3-18.

Forgas, J. P., Goldenberg, L., & Unkelbach, C. 2009 Can bad weather improve your memory? An unobtrusive field study of natural mood effects on real-life memory. Journal of Experimental Social Psychology ,45, 254-257.

Fowler, K. A., Lilienfeld, S. O., & Patrick, C. J. 2009 Detecting psychopathy from thin slices of behavior. Psychological Assessment ,21, 68-78.

Frey, B. S., Savage, D. A., & Torgler, B. 2010 Interaction of natural survival instincts and internalized social norms exploring the Titanic and Lusitania disasters. Proceedings of the National Academy of Sciences of the United States of America, 107, 4862-4865.

Frimer, J. A., Skitka, L. J., & Motyl, M. 2017 Liberals and conservatives are similarly motivated to avoid exposure to one another's opinions. Journal of Experimental Social Psychology ,72, 1-12.

Glass, A. L. & Kang, M. 2018 Dividing attention in the classroom reduces exam performance. Educational Psychology ,39, 395-408.

Goldie, J., Schwartz, L., McConnachie, A., & Morrison, J. 2003 Students' attitudes and potential behavior with regard to whistle blowing as they pass through a modern medical curriculum. Medical Education ,37, 368-375.

Gruber, J. & Owings, M. 1996 Physician financial incentives and cesarean section delivery. RAND Journal of Economics ,27, 99-123.

Harari, H., Harari, O., & White, R. V. 1985 The reaction to rape by American male bystanders. Journal of Social Psychology ,125, 653-658.

Helsen, W. F., Starkes, J. L., & Van Winckel, J. 2000 Effects of a change in selection year on success in male soccer players. American Journal of Human Biology ,12, 729-735.

Henkel, L. A. 2014 Point-and-Shoot memories: The influence of taking photos on memory for a museum tour. Psychological Science ,25, 396-402.

参考文献

Aggarwal, P. & McGill, A. L. 2007 Is that car smiling at me? Schema congruity as a basis for evaluating anthropomorphized products. Journal of Consumer Research ,34, 468-479.

Ayduk, O. & Kross, E. 2008 Enhancing the pace of recovery. Psychological Science ,19, 229-231.

Azoulay, P., Jones, B., Kim, J. D., & Miranda, J. 2018 Age and high-growth entrepreneurship. NBER Working Paper No.24489.

Bar-Haim, Y., Ziv, T., Lamy, D., & Hodes, R.M. 2006 Nature and nurture in own-race face processing. Psychological Science ,17, 159-163.

Baum, S. & Goodstein, E. 2005 Gender imbalance in college applications: Does it lead to a preference for men in the admissions process? Economics of Education Review ,24, 665-675.

Blakemore, S. J., Wolpert, D., & Frith, C. 2000 Why can't you tickle yourself? Neuro-Report ,11, 11-16.

Bonanno, G. A. 2008 Loss, trauma, and human resilience: Have we underestimated the human capacity to thrive after extremely aversive events? Psychological Trauma:Theory, Research, Practice, and Policy ,S, 101-113.

Brown, A. S. 2003 A review of the déjà vu experience. Psychological Bulletin, 129, 394-413.

Bruchmuller, K., Margraf, J., & Schneider, S. 2012 Is ADHD diagnosed in accord with diagnostic criteria? Overdiagnosis and influence of client gender on diagnosis. Journal of Consulting and Clinical Psychology ,80, 128-138.

Burbank, V. K. 1987 Female aggression in cross-cultural perspective. Behavior Science Research ,21, 70-100.

Carpenter, S. K., Wilford, M. M., Kornell, N., & Mullaney, K. M. 2013 Appearances can be deceiving: Instructor fluency increases perceptions of learning without increasing actual learning. Psychonomic Bulletin & Review ,20, 1350-1356.

Carskadon, M. A. 1991 Yawning elicited by reading: Is an open mouth sufficient stimulus? Sleep Research, 20,16.

Castel, A. D., Vendetti, M., & Holyoak, K. J. 2012 Fire drill: Inattentional blindness and amnesia for the location of fire extinguishers. Attention, Perception, and Psychophysics ,74, 1391-1396.

Cikara, M. & Fiske, S. T. 2012 Stereotypes and schadenfreude: Affective and physiological markers of pleasure at outgroup misfortunes. Social Psychological and Personality Science ,3, 63-71.

Costa, D. L. 2000 The wage and the length of the work day: From the 1890s to 1991. Journal of Labor Economics ,18, 156-181.

Deri, S., Davidai, S., & Gilovich, T. 2017 Home alone: Why people believe others'

内藤誼人（ないとう・よしひと）

心理学者、立正大学客員教授、有限会社アンギルド代表取締役社長。

慶應義塾大学社会学研究科博士課程修了。社会心理学の知見をベースに、ビジネスを中心とした実践的分野への応用に力を注ぐ心理学系アクティビスト。趣味は釣りとガーデニング。

著書に、『世界最先端の研究が教える新事実 心理学 BEST100』『世界最先端の研究が教える新事実 人間関係 BEST100』『世界最先端の研究が教える すごい心理学』（以上、総合法令出版）など多数。その数は 200 冊を超える。

最新科学でわかった「人の心」のトリセツ
世界の心理学者が研究していること

2023年 5 月23日　初版発行

著　者　内藤誼人
発行者　野村直克
発行所　総合法令出版株式会社
〒103-0001 東京都中央区日本橋小伝馬町 15-18
EDGE 小伝馬町ビル 9 階
電話　03-5623-5121
印刷・製本　中央精版印刷株式会社

落丁・乱丁本はお取替えいたします。

ISBN 978-4-86280-903-2
総合法令出版ホームページ　http://www.horei.com/